青少年探索文库
QingShaoNianTanSuoWenKu

中外杰出女性故事

杨从吾 编

吉林人民出版社

图书在版编目（CIP）数据

中外杰出女性故事 / 杨从吾编. — 长春：吉林人
民出版社，2010.10（2021.3重印）
（青少年探索文库）
ISBN 978-7-206-07097-6

Ⅰ.①中… Ⅱ.①杨… Ⅲ.①女性—生平事迹—世界
—青少年读物 Ⅳ.①K818.5-49

中国版本图书馆CIP数据核字(2010)第192129号

中外杰出女性故事

编　　者：杨从吾
责任编辑：王　斌
吉林人民出版社出版（长春市人民大街7548号　邮政编码：130022）
印　刷：三河市燕春印务有限公司
开　本：700mm×970mm　　1/16
印　张：13　　　　字数：110千字
标准书号：ISBN 978-7-206-07097-6
版　次：2010年10月第1版　　印　次：2021年3月第2次印刷
定　价：39.00元

如发现印装质量问题，影响阅读，请与印刷厂联系调换。

目 录

004

005

许穆夫人

许穆夫人,春秋卫国(今河南省淇县)人,姬姓,卫公子顽和宣姜的女儿。公元前 690 年左右出生在卫国都城朝歌定昌。长大后嫁给许国许穆公,故称许穆夫人。卒年不详,名不详,是我国见于记载的第一位爱国女诗人。

许穆夫人是卫宣公之子姬顽(昭伯)之女,卫国君主卫懿公的堂妹。春秋之际,诸侯林立,卫国在当时是一个中等诸侯国,位于黄河中下游地区,首邑是商朝的朝歌。许穆夫人在少女时代就深为祖国的安危而担忧,思索着如何为保家卫国做出自己应做的贡献。许穆夫人长得貌美多姿,许、齐两诸侯国都派使者前来求婚。诸侯各国之间的通婚联姻是一种政治行为,带有亲善和结盟的性质。在许国重礼的打动下,父母决定把她嫁给许国国君为妻。许穆夫人却有自己的想法,她从祖国的安

全考虑，认为许国弱小，离卫国又远，一旦卫国受到攻击，许国没有力量前来救援。而齐国强大，又是卫国的近邻，如能嫁到齐国，卫国遇到什么危难便能得到齐国的救助。但父母亲和君主固执己见，仍把她许配给许国国君许穆公为妻。许穆夫人的称呼就是由此而来的。

许穆夫人嫁到许国后，一直怀念着卫国。当她听到卫国国破君亡的噩耗之后，痛彻肺腑，恨不能插翅飞回卫国，跃马疆场抗敌复国，报仇雪耻。她去请求许穆公援救卫国，许穆公胆小如鼠，怕引火烧身，不敢出兵。许穆夫人不甘袖手旁观，置之不理，经过反复考虑，她带领当初随嫁到许国的自己身边的几位姬姓姑娘姐妹，亲自赶赴漕邑，与逃到那里的卫国宫室和刚被拥立的戴公（许穆夫人的哥哥）相见。许穆夫人抵达后，首先卸下车上的物品救济难民，接着与卫国君臣商议复国之策。不久，他们招来百姓四千余人，一边安家谋生，一边整军习武，进行训练。同时，许穆夫人还建议向齐国求援。就在此时，许国大臣接踵而来，对许穆夫人大加抱怨，有的责怪她考虑不慎，有的嘲笑她徒劳无益，有的指责她抛头露面有失体统，企图把许穆夫人拦截回来。许穆夫人坚信自己的主张是无可指责的，她决不反悔。面对许国的大臣的无礼行为，她怒不可遏，义正词严地斥责道："既不我嘉，不能旋反；视尔不臧，我思不远。既不我嘉，不能旋济；视尔不臧，我思不闷。"（《载驰》）意思是，即使你们都说我不好，说我渡济水返卫国不对，也断难使我改变初衷；比起你们那些不高明的主张，我的眼光要远大得多，我的思国之心是禁锢不住的。许穆夫人拯救卫国的决心不可改变。

不久，戴公病殁，卫人从齐国迎回许穆夫人的另一哥哥公子毁继承君位，即卫文公。卫国得到了齐桓公的支持，齐桓公派兵戍漕邑，又派出自己的儿子无亏率兵 3000、战车 300 辆前往卫国。同时，宋、许等国也派人参战，打退了狄兵，收复了失地。从此，卫国出现了转机，两年后，卫国在楚丘重建都城，恢复了它在诸侯国中的地位，一直延续了 400 多年之久。自然，这一切和许穆夫人为复兴卫国而奔走不懈是分不开的。

许穆夫人的诗饱含着强烈的爱国主义思想情感。现在我们能读到的是收集在我国第一部诗歌总集《诗经》中的《竹竿》、《泉水》、《载驰》等三篇十二章。《竹竿》诗中描写了许穆夫人自己少女时代留恋山水的生活和她身在异国，却时常怀念养育自己的父母之邦的思乡之作。《泉水》写夫人为拯救祖国奔走呼号的种种活动及寄托她的忧思。《载驰》抒发了夫人急切归国，以及终于冲破阻力回到祖国以后的心情。诗中突出地写出了她同阻挠她返回祖国抗击狄兵侵略的君臣们的斗争，表达了她为拯救祖国不顾个人安危、勇往直前、矢志不移的决心。在这些诗的字里行间中，充满着强烈的爱国主义思想感情，今天我们吟咏起来仍震撼心扉，不忍释手。

王 昭 君

王昭君，名嫱，字昭君，乳名皓月，汉族人，中国古代四大美女之一。又称落雁，晋朝时为避司马昭讳，也称"明妃"，汉元帝时期宫女，西汉南郡秭归（今湖北省兴山县）人。匈奴呼韩邪单于阏氏。是中国第一位为民族融合做出杰出贡献的女外交家。

王昭君约于公元前52年出生于南郡秭归县宝坪村（今湖北省宜昌兴山县昭君村）。景帝在永安三年分秭归北界为兴山县，香溪为邑界，汉王嫱即此邑之人，故云昭君之县。其父王穰老来得女，视为掌上明珠，兄嫂也对其宠爱有加。王昭君天生丽质，聪慧异常，琴棋书画，无所不精，"娥眉绝世不可寻，能使花羞在上林"。昭君的绝世才貌，顺着香溪水传遍南郡，传至京城。公元前36年，汉元帝昭示天下，遍选秀女。

王昭君为南郡首选。元帝下诏，命其择吉日进京。其父王穰云："小女年纪尚幼，难以应命，"无奈圣命难违。公元前36年仲春，王昭君泪别父母乡亲，登上雕花龙凤官船顺香溪，入长江，逆汉水，过秦岭，历时3月之久，于同年初夏到达京城长安，为掖庭待诏。传说王昭君进宫后，因自恃貌美，不肯贿赂画师毛延寿，毛延寿便在她的画像上点上丧夫落泪痣，昭君便被贬入冷宫3年，无缘面君。

公元前33年，北方匈奴首领呼韩邪单于主动来汉朝，对汉称臣，并请求和亲。汉元帝尽召后宫妃嫔，王昭君挺身而出，慷慨应诏。呼韩邪临辞大会，昭君丰容靓饰，元帝大惊，不知后宫竟有如此美貌之人，意欲留之，而难于失信，便赏给她锦帛28000匹，絮16000斤及黄金美玉等贵重物品，并亲自送出长安十余里。王昭君在毡车细马的簇拥下，肩负着汉匈和亲之重任，别长安、出潼关、渡黄河、过雁门，历时一年多，于第二年初夏到达漠北，受到匈奴人民的盛大欢迎，并被封为"宁胡阏氏"，意为匈奴有了汉女作"阏氏"（王妻），安宁始得保障。

昭君出塞后，汉匈两族团结和睦，国泰民安，"边城晏闭，牛马布野，三世无犬吠之警，黎庶忘干戈之役"，展现出欣欣向荣的和平景象。公元前31年，呼韩邪单于亡故，留下一子，名伊屠智伢师，后为匈奴右日逐王。时，王昭君以大局为重，忍受极大委屈，按照匈奴"父死，妻其后母"的风俗，

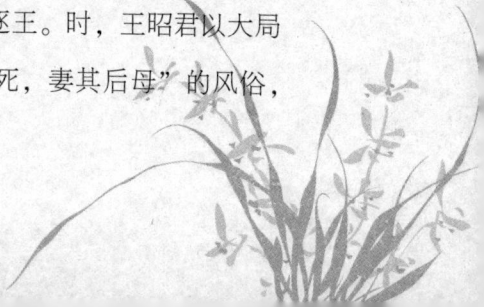

嫁给呼韩邪的长子复株累单于雕陶莫皋，又生二女，长女名须卜居次，次女名当于居次（"居次"意为公主）。王昭君去世后，厚葬于今呼和浩特市南郊，墓依大青山，傍黄河水；后人称之为"青冢"；到了晋朝，为避晋太祖司马昭的讳，改称明君，史称"明妃"。

王昭君的历史功绩，不仅仅是她主动出塞和亲，更主要的是她出塞之后，使汉朝与匈奴和好，边塞的烽烟熄灭了 50 年，增强了汉族与匈奴民族之间的民族团结，是符合汉族和匈奴族人民的利益的。她与她的子女后孙以及姻亲们对胡汉两族人民和睦亲善与团结做出了巨大贡献，因此，她得到历史的好评。元代诗人赵介认为王昭君的功劳，不亚于汉朝名将霍去病。昭君的故事，成为我国历史上流传不衰的民族团结的佳话。

班　　昭

　　班昭字惠班，又名姬，家学渊源，班彪之女，班固班超之妹。擅文采。她的父亲班彪是当代的大文豪，班昭本人常被召入皇宫，教授皇后及诸贵人诵读经史，宫中尊之为师。清代女作家赵傅称她"东观续史，赋颂并娴"。班昭十四岁嫁给同郡曹世叔为妻，所以人们又把班昭叫做"曹大家"。

　　班昭的文采首先就表现在帮她的哥哥班固修《汉书》，这部书是我国的第一部纪传体断代史，人们称赞它言赅事备，与《史记》齐名，全书分纪、传、表、志几类。还在班昭的父亲班彪的时候，就开始了这部书的写作工作，她的父亲死后，她的哥哥班固继续完成这一工作。不料就在他快要完成《汉书》时，却因窦宪一案的牵连，死在狱中，班昭痛定思痛，接过亡兄的工作继续前进。好在班昭还在班固活着的时候就参与了全

书的纂写工作，后来又得到汉和帝的恩准，可以到东观藏书阁参考典籍，所以写起来得心应手。在班昭四十岁的时候，终于完成了汉书。

班昭的文采还表现在她写的《女诫》七篇上。七戒包括：卑弱、夫妇、敬慎、妇行、专心、曲从和叔妹七章。本是用来教导班家女儿的私家教科书，不料京城世家却争相传抄，不久之后便风行全国各地。在"卑弱"篇中，班昭引用《诗经·小雅》中的说法："生男曰弄璋，生女曰弄瓦。"以为女性生来就不能与男性相提并论，必须"晚寝早作，勿惮夙夜；执务和事，不辞剧易"，才能克尽本分。在"夫妇"篇中，认为丈夫比天还大，必须敬谨服侍，"妇不贤则无以事夫，妇不事夫则义理坠废，若要维持义理之不坠，必须使女性明析义理"。

在"敬慎"篇中，主张"男子以刚强为贵，女子以柔弱为美，无论是非曲直，女子应当无条件地顺从丈夫"。一刚一柔，才能并济，才能永保夫妇之义。在"妇行"篇中，订定了妇女四种行为标准："贞静清闲，行己有耻：是为妇德；不瞎说霸道，择辞而言，适时而止，是为妇言；穿戴齐整，身不垢辱，是为妇容；专心纺织，不苟言笑，烹调美食，款待嘉宾，是为妇工。"妇女备此德、言、容、工四行，方不致失礼。在"专心"篇中，强调"贞女不嫁二夫"，丈夫可以再娶，妻子却绝对不可以再嫁，在她的心目中下堂求去，简直是不可思议的悖理行为，事夫要"专心正色，耳无淫声，目不斜视"。在"曲

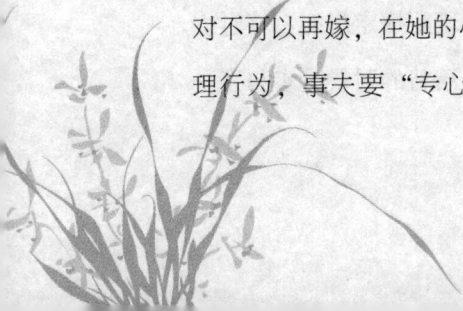

从"篇中，教导妇女要善事男方的父母，逆来顺受，一切以谦顺为主，凡事应多加忍耐，以至于曲意顺从的地步。在"叔妹"篇中，说明与丈夫兄弟姐妹相处之道，端在事事识人体、明大义，即是受气蒙冤也是天经地义的事情，万万不可一意孤行，而失去彼此之间的和睦气氛。以此七条为准，《女诫》逐渐成为古代女子的行为准则。

班昭是一位博学多才，品德俱优的中国古代女性，她是位史学家，也是位文学家，还是位政治家。她在曹家有一个儿子，几个女儿，她儿子叫曹成，字子谷。邓太后临朝称制后，班昭开始参与政事，出的力不少。因为这个原因，曹成被封为关内侯，官至齐相。班昭逝世后，皇太后亲自为多年的老师素服举哀，由使者监护丧事，死后也给予她应得的荣誉。

蔡 文 姬

　　蔡文姬大概出生于公元 177 年，卒年不详。名琰，原字昭姬，晋时避司马昭讳，改字文姬，东汉末年陈留圉（今河南开封杞县）人，东汉大文学家蔡邕的女儿，是中国历史上著名的才女和文学家。代表作有《胡笳十八拍》、《悲愤诗》。《悲愤诗》是中国诗歌史上第一首自传体的五言长篇叙事诗。

　　蔡文姬的父亲蔡邕是当时大名鼎鼎的文学家和书法家，还精于天文数理，妙解音律，是曹操的挚友和老师。生在这样的家庭，蔡文姬自小耳濡目染，既博学能文，又善诗赋，兼长辩才与音律。蔡文姬从小以班昭为偶像，也因此从小留心典籍、博览经史。并有志与父亲一起续修汉书，青史留名。东汉末年，社会动荡，蔡文姬被掳到了南匈奴，嫁给了匈奴左贤王，饱尝了异族异乡异俗生活的痛苦，生儿育女。12 年后，曹操

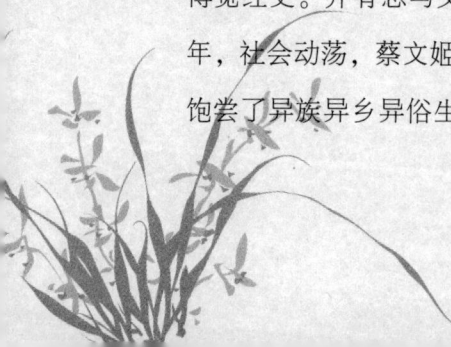

统一北方，想到恩师蔡邕对自己的教诲，用重金赎回了蔡文姬。蔡文姬到了邺城，曹操看她一个人孤苦伶仃，又把她再嫁给一个屯田都尉（官名）董祀。哪儿知道时隔不久，董祀犯了法，被曹操的手下人抓了去，判了死罪，眼看快要执行了。蔡文姬急得不得了，连忙跑到魏王府里去求情。正好曹操在举行宴会。朝廷里的一些公卿大臣、名流学士，都聚集在魏王府里。侍从把蔡文姬求见的情况报告曹操。曹操知道在座的大臣名士中不少人都跟蔡邕相识，就对大家说："蔡邕的女儿在外流落了多年，这次回来了。今天让她来跟大家见见面，怎么样？"大伙儿当然都表示愿意相见。曹操就命令侍从把蔡文姬带进来。蔡文姬披散头发，赤着双脚，一进来就跪在曹操面前，替她丈夫请罪。她的嗓音清脆，话又说得十分伤心。座上有好些人原来是蔡邕的朋友，看到蔡文姬的伤心劲儿，不禁想起蔡邕，感动得连鼻子也酸了。曹操听完了她的申诉，说："你说的情形的确值得同情，但是判罪的文书已经发出去了，有什么办法呢？"蔡文姬苦苦央告说："大王马房里的马成千上万，手下的武士多得像树林，只要您派出一个武士，一匹快马，把文书追回，董祀就有救了。"曹操就亲自批了赦免令，派了一名骑兵追上去，宣布免了董祀的死罪。

蔡文姬的一生是悲苦的，"回归故土"与"母子团聚"都是美好的，人人应该享有，而她却不能两全。蔡文姬也确实非常有才气。在一次闲谈中，曹操表示很羡慕蔡文姬家中原来的

藏书，蔡文姬告诉他原来家中所藏的四千卷书，几经战乱，已全部遗失时，曹操流露出深深的失望，当听到蔡文姬还能背出四百篇时，又大喜过望，于是蔡文姬凭记忆默写出四百篇文章，文无遗误，可见蔡文姬才情之高。曹操把蔡文姬接回来，在为保存古代文化方面做了一件好事。历史上把"文姬归汉"传为美谈。

卫 夫 人

卫夫人生于 272 年，卒于 349 年，名铄，字茂漪，河东安邑（今山西夏县）人。魏晋时期的河东卫氏是一个著名的书法世家。卫夫人的从祖卫觊、从伯卫瓘、从兄卫恒，都是著名书法家、书法理论家。卫夫人自小受家族影响，成为一个书法高手。后来又成为王羲之的书法老师。在一定程度上没有卫夫人的启蒙教育，也就没有后来的书圣王羲之。

卫夫人少好学，酷嗜书法艺术，很早就以大书法家钟繇为师，得其规矩，特善隶书。据她自述："随世所学，规摹钟繇，遂历多载。"她曾作诗论及草隶书体，又奉敕为朝廷写《急就章》。其书法作品虽未能流传至今，但从前人的有关论述中，尚可窥见其风格之大概。晋人钟繇曾称颂卫夫人的书法，说："碎玉壶之冰，烂瑶台之月，婉然若树，穆若清风。"充

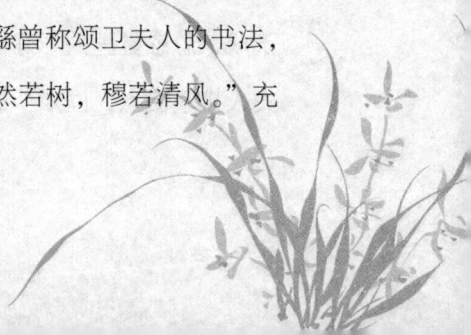

分肯定了卫夫人书法高逸清婉，流畅瘦洁的特色。这实际上是对钟繇书法风格的继承，但在钟繇瘦洁飞扬的基础之上，更流露出一种清婉灵动的韵味。唐代韦续则曰："卫夫人书，如插花舞女，低昂芙蓉；又如美女登台，仙娥弄影；又若红莲映水，碧沼浮霞。"连用三组美丽的形象来比拟其书法，可知卫夫人的书法充溢着美感，带有女性特有的妩媚娇柔的风格，又与钟繇迥异其趣。这是卫夫人结合自身气质特点，在学习钟繇基础之上的发展和创造。韦续因此将卫夫人归入著名书法家，列为上品之下，即第一等第三级。唐代李嗣真对此持相同意见，并指出卫夫人"正体尤绝"。唐代著名书法理论家张怀瓘甚至把卫夫人的书法归入妙品，仅仅屈居最高一等神品寥寥数人之下。美术史论家张彦远对卫夫人的评价则要相对低一些，他将卫夫人归入中品之上，即第二等第一级。但同时说："李妻卫氏，自出华宗。"

传说中苏庄村东头有个十来亩大的泊池，现在人都叫她卫夫人洗墨池。说的是卫夫人小时习字，态度十分认真，有时一写就是几个小时，乏了她就去门前泊池里把笔砚洗一洗。一次，她练字累了，就把笔砚放在桶中，放在了泊池里，泊池里的水从此染成了黑色，后人就把这泊池称为卫夫人洗墨池。

一次，王羲之画鹅，什么都画好了，就是眼睛左也不成右不成，总感觉画的不好。于是，便请恩师卫夫人给鹅点睛。卫夫人接笔便点，谁知，这一点，鹅扑闪一下竟飞了。

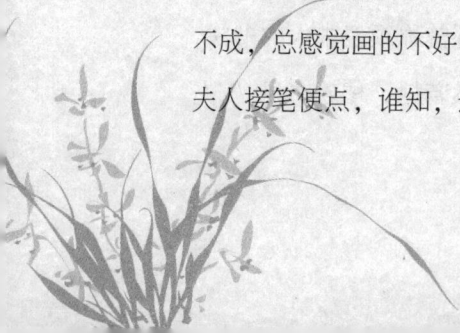

卫夫人不但在书法艺术实践上有突出成就，不让须眉，而且在书法艺术理论方卫夫人——名姬帖面也有重大建树和比较全面深入的论述。她撰有《笔阵图》一卷，首先提出，书法之妙"莫先乎用笔"。主张学习书法要上溯其源，师法古人，反对谙于道理，学不该赡，以致徒费精神，学无成功。对书写不同字体时的用笔，她认为用笔有六种方法，如篆书是"飘扬洒落"，章草为"凶险可畏"，八分书为"窈窕出入"，飞白书为"耿介特立"，倘能"每为一字，各象其形"，则"斯超妙矣，书道毕矣。"此外，卫夫人在《笔阵图》中还提出初学书法，"先须大书，不得从小"，"善鉴者不写，善写者不鉴"等理论原则，也都是宝贵的经验之谈。这实质上是卫夫人毕生从事书法艺术实践所得，代表了她对书法艺术理论总的认识，为后代书法家指出了努力方向和途径，也成为中国书法理论中的重要内容和评判标准，对历代书法理论和实践的发展都产生了巨大影响。

长孙皇后

长孙皇后，河南洛阳人。祖先为北魏拓跋氏，后为宗室长因号长孙，小字观音婢，其名于史无载。仁寿元年（601年）出生于长安，大业九年嫁给了唐国公李渊的二子李世民为妻。李世民升储登基以后，被立为皇后。贞观十年（636年）六月，长孙皇后在立政殿去世，时年36岁。同年十一月，葬于昭陵。初谥曰文德.上元元年八月，改上尊号曰文德顺圣皇后。是中国史上最为著名的贤后。.

唐太宗大治天下，盛极一时，除了依靠他手下的一大批谋臣武将外，也与他贤淑温良的妻子长孙皇后的辅佐是分不开的。

长孙皇后贤良恭俭，对于年老赋闲的太上皇李渊，她十分恭敬而细致地侍奉，对后宫的妃嫔，长孙皇后也非常宽容和

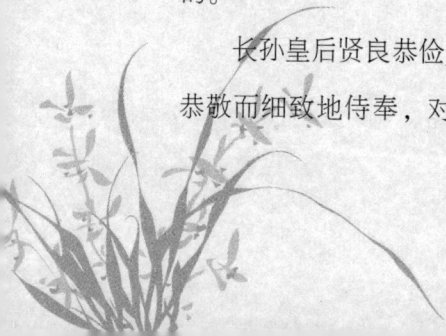

顺，她并不一心争得专宠，反而常规劝李世民要公平地对待每一位妃嫔，正因如此，唐太宗的后宫很少出现争风吃醋的韵事，这在历代都是极少有的。

因为长孙皇后的所作所为端直有道，唐太宗也就对她十分器重，回到后宫，常与她谈起一些军国大事及赏罚细节；长孙皇后虽然是一个很有见地的女人，但她不愿以自己特殊的身份干预国家大事，她有自己的一套处事原则，认为男女有别，应各司其职，因而她说："母鸡司晨，终非正道，妇人预闻政事，亦为不祥。"唐太宗却坚持要听她的看法，长孙皇后拗不过，说出了自己经过深思熟虑而得出的见解："居安思危，任贤纳谏而已，其他妾就不了解了。"她提出的是原则，而不愿用细枝末节的建议来束缚皇夫，她十分相信李世民手下那批谋臣贤士的能力。

长孙皇后与唐太宗的长子李承乾自幼便被立为太子，由他的乳母遂安夫人总管太子东宫的日常用度。当时宫中实行节俭开支的制度，太子宫中也不例外，费用十分紧凑。遂安夫人时常在长孙皇后面前滴咕，说什么"太子贵为未来君王，理应受天下之供养，然而现在用度捉襟见肘，一应器物都很寒酸"。因而屡次要求增加费用。但长孙皇后并不因为是自己的爱子就网开一面，她说："身为储君，来日方长，所患者德不立而名不扬，何患器物之短缺与用度之不足啊！"她的公正与明智，深得宫中各类人物的敬佩，谁都愿意听从她的安排。

　　长孙无忌是长孙皇后的哥哥，文武双全，早年即与李世民是至交，并辅佐李世民赢取天下，立下了卓卓功勋。唐太宗原想让长孙无忌担任宰相，长孙皇后却奏称："妾既然已托身皇宫，位极至尊，实在不愿意兄弟再布列朝廷，以成一家之象，汉代吕后之行可作前车之鉴。万望圣明，不要以妾兄为宰相！"唐太宗不想听从，他觉得让长孙无忌任宰相凭的是他的功勋与才干，完全可以"任人不避亲疏，唯才是用"。而长孙无忌也很顾忌妹妹的关系。不愿意位极人臣。万不得已，唐太宗只好让他作开府仪同三司。

　　长乐公主是唐太宗与长孙皇后的掌上明珠，从小养尊处优，是一个娇贵的金技玉叶。将出嫁时，她向父母撒娇提出，所配嫁妆要比永嘉公主加倍。永嘉公主是唐太宗的姐姐，正逢唐初百业待兴之际出嫁，嫁妆因而比较简朴；长乐公主出嫁时已值贞观盛世，国力强盛，要求增添些嫁妆本不过份。但魏征听说了此事，上朝时谏道："长乐公主之礼若过于永嘉公主，于情于理皆不合，长幼有序。规制有定，还望陛下不要授人话柄！"唐太宗本来对这番话不以为然。时代不同，情况有变，未必就非要死守陈规。回宫后，唐太宗随口把魏征的话告诉了长孙皇后，长孙皇后却对此十分重视，她称赞道："常闻陛下礼重魏征，殊未知其故；今闻其谏言，实乃引礼义抑人主之私情，乃知真社稷之臣也。妾与陛下结发为夫妇，情深意重，仍恐陛下高位，每言必先察陛下颜色，不敢轻易冒犯；魏征以人

臣之疏远，能抗言如此，实为难得，陛下不可不从啊。"于是，在长孙皇后的操持下，长乐公主带着不甚丰厚的嫁妆出嫁了。

长孙皇后不仅是口头上称赞魏征，而且还派中使赐给魏征绢四百匹、钱四百缗，并传口讯说："闻公正直，如今见之，故以相赏；公宜常秉此心，不要转移。"魏征得到长孙皇后的支持和鼓励，更加尽忠尽力，经常在朝廷上犯颜直谏，丝毫不怕得罪皇帝和重臣。也正因为有他这样一位赤胆忠心的谏臣，才使唐太宗避免了许多过失，成为一位圣明君王，说到底，这中间实际上还有长孙皇后的一份功劳。

贞观八年，长孙皇后随唐太宗巡幸九成宫，回来路上受了风寒，又引动了旧日痼疾，病情日渐加重。太子承乾请求以大赦囚徒并将他们送入道观来为母后祈福祛疾，群臣感念皇后盛德都随声附和，就连耿直的魏征也没有提出异议；但长孙皇后自己坚决反对，她说："死生有命，富贵在天，非人力所能左右。若修福可以延寿，吾向来不做恶事；若行善无效，那么求福何用？赦免囚徒是国家大事，道观也是清静之地，不必因为我而搅扰，何必因我一妇人，而乱天下之法度！"她深明大义，终生不为自己而影响国事，众人听了都感动得落下了眼泪。唐太宗也只好依照她的意思而作罢。

长孙皇后弥留之际殷殷嘱咐唐太宗善待贤臣，不要让外戚位居显要；并请求死后薄葬，一切从简。唐太宗并没有完全遵照长孙皇后的意思办理后事，他下令建筑了昭陵，气势十分雄

伟宏大，并在墓园中特意修了一座楼台，以便皇后的英魂随时凭高远眺。这位圣明的皇帝想以这种方式来表达自己对贤妻的敬慕和怀念。

长孙皇后以她的贤淑的品性和无私的行为，不仅赢得了唐太宗及宫内外知情人士的敬仰，而且为后世树立了贤妻良后的典范。

文成公主

　　文成公主，生年不详，卒于 680 年，唐朝宗室之女，汉族。聪慧美丽，自幼受家庭熏陶，学习文化，知书达理，并信仰佛教。

　　公元 7 世纪，西藏王松赞干布震撼唐朝，率吐蕃大军进攻大唐边城松州，唐太宗派侯君集督率领大军讨伐。大败吐蕃于松州城下。松赞干布只好俯首称臣，并对大唐的强盛赞慕不已，他在上书谢罪的同时，还特向唐朝求婚。

　　当时，唐朝拥有世界最先进的经济文化。16 岁的文成公主知书达理，朴素大方，主动应征嫁给 25 岁的松赞干布。相传，禄东赞携带众多的黄金、珠宝等，率领求婚使团，前往唐都长安请婚。不料，天竺、大食、仲格萨尔以及霍尔王等同时也派了使者求婚，他们均希望能迎回贤惠的文成公主做自己国

王的妃子。为之，唐太宗李世民非常为难。为了公平合理，他决定让婚使们比赛智慧，谁胜利了，便可把公主迎去，这便是历史上的"六试婚使"，拉萨大昭寺和布达拉宫内至今完好地保存着描绘这一故事的壁画。

641 年，文成公主在唐送亲使江夏王太宗族弟李道宗和吐蕃迎亲专使禄东赞的伴随下，出长安前往吐蕃。松赞干布在柏海亲自迎接，谒见李道宗，行子婿之礼。之后，携文成公主同返逻些（今拉萨）。文成公主在吐蕃生活了近 40 年，一直备受尊崇。

据《吐蕃王朝世袭明鉴》等书记载，文成公主进藏时，队伍非常庞大，唐太宗的陪嫁十分丰厚。有"释迦佛像，珍宝，金玉书橱，360 卷经典，各种金玉饰物"。又有多种烹饪食物，各种花纹图案的锦缎垫被，卜筮经典 300 种，识别善恶的明鉴，营造与工技著作 60 种，100 种治病药方，医学论著 4 种，诊断法 5 种，医疗器械 6 种。还携带各种谷物和芜菁种子等。文成公主带来的汉族乐师们开始履行职责，他们十分卖力地为松赞干布和文成公主演奏唐宫最流行的音乐，音乐舒缓优美，使松赞干布有如闻仙音的感觉，他对乐师和音乐大加赞叹，并选拨了一批资质聪慧的少男少女，跟随汉族乐师学习，使汉族的音乐渐渐传遍了吐蕃的领地，流进了吐蕃人的心田。

随来的文士们也开始工作，他们帮助整理吐蕃的有关文献，记录松赞公布与大臣们的重要谈话，使吐蕃的政治走出原

始性，走向正规化。松赞干布欣喜之余，又命令大臣与贵族子弟诚心诚意地拜文士们为师，学习汉族文化，研读他们带来的诗书；接着他还派遣了一批又一批的贵族子弟，千里跋涉，远赴长安，进入唐朝国家，研读诗书，把汉族的文化引回吐蕃。

农技人员并不宣扬什么，他们只是先把从中原带去的粮食种籽播种在高原的沃土上，然后精心地灌溉、施肥、除草，等到了收获的季节，那顶壮的庄稼，惊人的高产，让吐蕃人瞪大了眼睛；因为吐蕃人那时虽然也种植一些青稞、荞麦之类的作物，但因不善管理，常常是只种不管，所以产量极低，他们不得不佩服汉族农技人员高超的种植技术。在松赞干布和文成公主的授意下，农技人员开始有计划地向吐蕃人传授农业技术，使他们在游牧之余，还能收获到大量的粮食。尤其是把种桑养蚕的技术传给他们后，吐蕃也逐渐有了自制的丝织品，光泽细柔，花色浓艳，极大地美化了吐蕃人的生活，使他们喜不胜收，都十分感谢文成公主入吐蕃后给他们带来的好处。文成公主以款款柔情善待松赞干布，使得这位生长于荒蛮之地的吐蕃国王深切体会到汉族女性的修养与温情，他对文成公主不但备加珍爱，而且对她的一些建议尽力采纳。文成公主则凭着自己的知识和见地，细心体察吐蕃的民情，然后提出各种合情合理的建议，协助丈夫治理这个地域广阔，民风慓悍古朴的国家。而文成公主又不是那种极有权势欲的女人，她参与治国，却从未要求松赞干布给自己一个什么官职，对于吐蕃国的重大政治

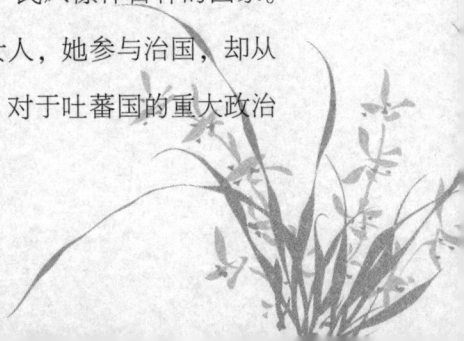

决策，她只是提出自己的看法，并不强行干涉，因此松赞干布和大臣们对她非常悦眼，经常向她讨教唐宫的政治制度以作为他们行政的参考，而广大的吐蕃民众更视她如神明。

永徽元年，松赞干布去世后，文成公主一直居住在西藏。她热爱藏族同胞，深受百姓爱戴。她曾设计和协助建造大昭寺和小昭寺。在她的影响下，汉族的碾磨、纺织、陶器、造纸、酿酒等工艺陆续传到吐蕃；她带来的诗文、农书、佛经、史书、医典、历法等典籍，促进了吐蕃经济、文化的发展，加强了汉藏人民的友好关系。她带来的金质释迦佛像，至今仍为藏族人民所崇拜。

公元 680 年，文成公主逝世，吐蕃王朝为她举行隆重的葬礼，唐遣使臣赴吐蕃吊祭。至今拉萨仍保存藏人为纪念她而造的塑像，距今已 1300 多年历史。

武 则 天

　　武则天出生于 624 年 2 月 17 日，薨于 705 年 12 月 16 日，汉族，中国历史上唯一的女皇帝。她 50 岁继位，是继位年龄最大的皇帝，又是寿命最长的皇帝之一，终年 82 岁。唐高宗时为皇后、唐中宗和唐睿宗时为皇太后，后自立为武周皇帝，改国号"唐"为"周"，定都洛阳，并号其为"神都"。史称"武周"，公元 705 年退位。武则天也是一位女诗人和政治家。

　　武氏真名称"曌"，起于她称帝前夕。是她的堂外甥，凤阁侍郎宗秦客所献的 12 个新字中的第一个字。这个新造的"曌"字，尽管意思与"照"字相同，但结构特殊，能使人联想到日月当空，光芒万丈这一磅礴景象，这也可能是武则天独钟情于它，并选做自己名字的主要原因。则天二字是后世对她

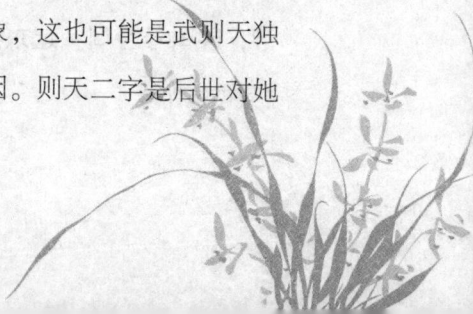

的称谓。因为武则天当年是在则天门上宣布改唐为周的，更因
"则天"二字有"效法于天帝法则"的含义。到唐开元九年
（721年），在编撰《则天实录》一书时，特用"则天"二字，
来称呼这位既是皇后，又当过皇帝的非凡女性。这是武则天这
个特殊名字最早的出现。而武则天这一名称，则是在近代对她
的评价逐渐升高以后才随之流行的。

　　武氏为唐开国功臣武士彟次女，母亲杨氏，武则天这位祖
籍山西文水，生于四川利州（今广元市），并在利州度过她的
童年和少年时期。本名不详，14岁入后宫为才人，唐太宗赐
名媚，人称"武媚娘"。太宗死后，武则天入感业寺为尼。唐
高宗即位，复召入宫封存为昭仪，进号宸妃，与王皇后、萧淑
妃多次周旋于后宫。武则天善谋心计，心狠手辣，兼涉文史，
富有才气。27岁才产下长女，据《资治通鉴》记载：武则天
的长女出生后才一月之际，王皇后来看过她的女儿之后，她就
把女儿给送走了，书里的原话是"送到日本"。高宗大怒，于
是把王皇后贬为庶人。永徽六年（655年）高宗立武氏为皇
后。上元元年（674年），与高宗并称"天皇""天后"。弘道
元年（683年）高宗去世，中宗李显即位，武氏为皇太后，临
朝称制后改名曌。嗣圣元年（684年），废中宗为庐陵王，立
睿宗李旦，继续临朝称制。载初元年，废睿宗，自称圣神皇
帝，改国号为周，定东都洛阳为神都，史称"武周"，上尊号
"圣神皇帝"。

当朝期间，贬逐老臣，任用酷吏，唐初的元老重臣如长孙无忌、褚遂良、于志宁、裴炎等人，少数被贬逐，多数遭诛杀。举行殿试，创武举、自举、试官等制，经济上采取薄赋敛、息干戈、省力役等主张，因此在其执政的半个世纪中，社会经济呈现政绩辉煌，国威大振的景象。

神龙元年（705 年）正月，张柬之、桓彦范、崔玄、敬晖等人联合右羽林大将军李多祚发动政变，逼武则天退位，迎中宗复位。同年十一月去世，谥大圣则天皇帝。

武氏另有废除的尊号"圣神皇帝、金轮圣神皇帝、慈氏越古金轮圣神皇帝、天册金轮圣神皇帝、则天亚圣皇后"等。后世通常称武氏为"武则天"

705 年，宰相张柬之乘武则天年老病危，拥立中宗复位，尊武氏为"皇太后"。同年冬，武氏死，享年82 岁，遗诏"去帝号，称则天大圣皇后。"李白把武则天列为唐朝"七圣"之一。武则天死后，立"无字碑"，自秦汉以来，帝王将相无不希望死后能树碑立传，中国历史上惟一一个女皇帝的石碑却没有刻一个字。其说法有几种：第一种说法认为，武则天立"无字碑"是用以夸耀自己，表示功高德大非文字所能表达；第二种说法认为，武则天立"无字碑"是因为自知罪孽重大，感到还是不写碑文为好；第三种说法认为，武则天是一个有自知之明的人，立"无字碑"是聪明之举，功过是非让后人去评论，这是最好的办法。

上官婉儿

上官婉儿又称上官昭容（公元 664 年~公元 710 年），陕州陕县（今属河南三门峡）人。唐代女官、女诗人、唐代名臣上官仪之孙女，祖父和父亲被害时始出生。因母亲郑氏是太常少卿郑休远之姊，母女才得免死，被配入皇宫内庭。

上官婉儿 14 岁被武则天召见宫中，当场命题，让其依题著文。上官婉儿文不加点，须臾而成，且文意通畅，词藻华丽，语言优美，真好像是夙构而成。武则天看后大悦，当即下令免其奴婢身分，让其掌管宫中诏命。上官婉儿成为武则天文笔上的得力助手，协助武则天处理百司奏表，参决政务，与宰相无异。

上官婉儿本与武则天有杀父之仇，因看武则天政绩显著，深得当时中下层官吏的拥护，便改变了自己的看法。唐中宗李

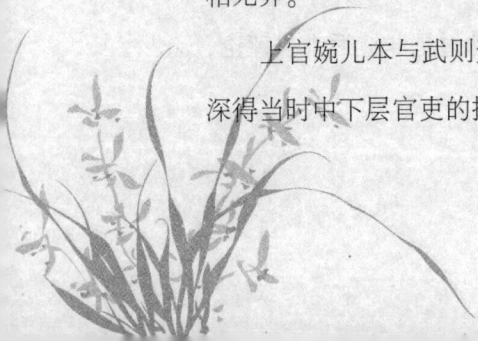

显在位时被封为昭容。上官婉儿经常劝说中宗，大量设置昭文馆学士，广召当朝词学之臣，多次赐宴游乐，赋诗唱和。上官婉儿每次都同时代替中宗、韦后和安乐公主，数首并作，诗句优美，时人大多传诵唱和。对大臣所作之诗，中宗又令上官婉儿代朝庭评品天下诗文，名列第一者，常赏赐金爵，贵重无比。因此，朝廷内外，吟诗作赋，靡然成风。

唐景龙四年（710 年）临淄王李隆基发动政变，起兵诛讨韦皇后及其党羽，上官婉儿被李隆基命与韦皇后一并处斩，年仅 46 岁。后人称其为"巾帼宰相"。

上官婉儿的诗文创作一洗江左萎靡之风，力革南朝以来四六骈俪的章法，挣脱六朝余风，使文风为之大变。与其说开古文复兴气运的是韩愈、柳宗元，还不如说是上官婉儿已经早为盛唐的文学面貌绘出了清晰的蓝图。她的诗对唐诗的辉煌发展也有极大的启导作用。开元初（713 年），唐玄宗李隆基又褒扬她的文章，指令收集上官婉儿的著作，编录文集 20 卷，叫大手笔燕国公张说为其题篇作序。序中称上官婉儿"风雅之声，流于来叶"，对其文其人评价很高。上官婉儿其诗词风格多与祖父上官仪相似，并将祖父绮丽浮艳的"上官体"发扬光大，一时名流多集其门。

相传上官婉儿因厌恶武则天男宠对自己的调戏而关闭甬道，致使皇权象征的明堂被毁，武则天大怒，下旨欲杀之。在宫内临刑前，改变主意，赐给了婉儿生存的机会，却在她额头

上刻了忤旨二字。婉儿因额有伤痕，便在伤疤处刺了一朵红色的梅花以遮掩，谁知却益加娇媚。宫女们皆以为美，有人偷偷以胭脂在前额点红效仿，这就是红梅妆的来历。

李 清 照

　　李清照，自号易安居士，宋朝历城（今山东省济南市）人，生于神宗元丰七年（1084年），卒于高宗绍兴二十一年（1151年）。李清照的词清新委婉，感情真挚，且以北宋南宋生活变化呈现不同特点。前期反映闺中生活感情自然风光别思离愁，清丽明快。后来因为丈夫去世再加亡国伤痛，诗词变为凄凉悲痛，抒发怀乡悼亡情感也寄托强烈亡国之思。有《易安居士文集》等传世。代表作有《声声慢》、《一剪梅》、《如梦令》等。其文学创作具鲜明独特的艺术风格，居婉约派之首，对后世影响较大，称为"易安体"。

　　18岁时，李清照与赵明诚结婚。婚后，清照与丈夫情投意合，如胶似漆，"夫妇擅朋友之胜"。她同赵明诚互相砥砺，进行词的创作，技法日臻成熟。一年重阳节，李清照作了那首

著名的《醉花阴》，寄给在外作官的丈夫："薄雾浓云愁永昼，瑞脑销金兽。佳节又重阳，玉枕纱橱，半夜凉初透。东篱把酒黄昏后，有暗香盈袖。莫道不销魂，帘卷西风，人比黄花瘦。"秋闺的寂寞与闺人的惆怅跃然纸上。据《娜环记》载，赵明诚接到后，叹赏不已，又不甘下风，就闭门谢客，废寝忘食，三日三夜，写出五十阕词。他把李清照的这首词也杂入其间，请友人陆德夫品评。陆德夫把玩再三，说："只三句绝佳。"赵问是哪三句，陆答："莫道不销魂，帘卷西风，人比黄花瘦。"然而李清照和赵明诚好景不长，朝中新旧党争愈演愈烈，一对鸳鸯被活活拆散，赵李隔河相望，饱尝相思之苦。

1127 年，北方女真族攻破了汴京，徽宗、钦宗父子被俘，高宗南逃。李清照夫妇也随难民流落江南。漂流异地，多年搜集来的金石字画丧失殆尽，给她带来沉痛的打击和极大的痛苦。后来金人铁蹄南下，南宋王朝腐败无能，自毁长城。赵明诚胸怀满腔热血，可却出师未捷身先死。第二年赵明诚病死于建康，更给她增添了难以忍受的悲痛。

在李清照孤寂之时，张汝州为骗取李清照钱财，趁虚而入，对李清照百般示好。李清照当时无依无靠，便顶世俗之风嫁给张汝州。婚后，二人发现自己都受到了欺骗，张汝州发现李清照并没有自己预想中的家财万贯，而李清照也发现了张汝州的虚情假意，甚至到后来的拳脚相加。之后，李清照发现张汝州的官职来源于行贿，便状告张汝州，在当时的社会环境

下，妻子告发丈夫，即使印证丈夫有罪，妻子也要同受牢狱之苦。李清照入狱后，由于家人收买了狱卒，入狱九天便被释放，这段不到百天的婚姻就此结束。

目睹了国破家亡的李清照"虽处忧患穷困而志不屈"，在"寻寻觅觅、冷冷清清"的晚年，她殚精竭虑，编撰《金石录》，完成丈夫未竟之功。金兵的横行肆虐激起她强烈的爱国情感，她积极主张北伐收复中原，可是南宋王朝的腐朽无能和偏安一隅，使李清照的希望成为幻影。李清照在南渡初期，还写过一首雄浑奔放的《夏日绝句》："生当作人杰，死亦为鬼雄。至今思项羽，不肯过江东。"借项羽的宁死不屈反讽徽宗父子的丧权辱国，意思表达得痛快淋漓，表达对宋王朝的愤恨。

李清照是中国古代罕见的才女。她擅长书、画，通晓金石，而尤精诗词。她的词作独步一时，流传千古，被誉为"词家一大宗"。她的人格像她的作品一样令人崇敬。她既有巾帼之淑贤，更兼须眉之刚毅；既有常人愤世之感慨，又具崇高的爱国情怀。她不仅有卓越的才华，渊博的学识，而且有高远的理想，豪迈的抱负。她在文学领域里取得了多方面的成就。在同代人中，她的诗歌、散文和词学理论都能高标一帜、卓尔不凡。而她毕生用力最勤，成就最高影响最大的则是词的创作。她的词作在艺术上达到了炉火纯青的境界。形成了自己独特的艺术风格——"易安体"。她不追求砌丽的藻饰，而是提炼富有

表现力的"寻常语度八音律",用白描的手法来表现对周围事物的敏锐感触,刻画细腻、微妙的心理活动,表达丰富多样的感情体验,塑造鲜明、生动的艺术形象。在她的词作中,真挚的感情和完美的形式水乳交融,浑然一体。她将"语尽而意不尽,意尽而情不尽"的婉约风格发展到了顶峰,以致赢得了婉约派词人"宗主"的地位。同时,她词作中的笔力横放、铺叙浑成的豪放风格,又使她在宋代词坛上独树一帜,从而对辛弃疾、陆游以及后世词人有较大影响。她杰出的艺术成就赢得了后世文人的高度赞扬。后人认为她的词"不徒俯视巾帼,直欲压倒须眉",她被称为"宋代最伟大的一位女词人,也是中国文学史上最伟大的一位女词人"。

黄 道 婆

　　黄道婆，又名黄婆，黄母，生于南宋末年淳祐年间，约1245 年，松江府乌泥泾镇（今上海徐汇区东湾村）人。宋末元初知名棉纺织家，汉族。松江府乌泥泾镇（今上海市华泾镇）人。黄道婆出身于贫苦农民家庭，在生活的重压下，十二三岁就被卖给人家当童养媳。白天她下地干活，晚上她纺织布到深夜，还要遭受公婆、丈夫的非人虐待。沉重的苦难摧残着她，也磨炼了她，有一次，黄道婆被公婆、丈夫一顿毒打后，又被关在柴房不准吃饭，也不准睡觉。她再也忍受不住这种非人的折磨，决心逃出去另寻生路。半夜，她在房顶上掏洞逃了出来，躲在一条停泊在黄浦江边的海船上。后来就随船到了海南岛的崖州，即现在的海南崖县。在封建社会，一个从来没出过远门的年轻妇女只身流落异乡，人生地疏，无依无靠，面临的

困难可想而知。但是淳朴热情的黎族同胞十分同情黄道婆的不幸遭遇，接受了她，让她有了安身之所，并且在共同的劳动生活中，还把他们的纺织技术毫无保留地传授给她。当时黎族人民生产的黎单、黎饰、鞍塔闻名内外，棉纺织技术比较先进，黄道婆聪明勤奋，虚心向黎族同胞学习纺织技术，并且融合黎汉两族人民的纺织技术的长处，逐渐成为一个出色的纺织能手，在当地大受欢迎，和黎族人民结下了深厚的情谊。在黎族地区生活了将近 30 年。但是，黄道婆始终怀念自己的故乡。在元朝元贞年间，约 1295 年，她从崖州返回故乡，回到了乌泥泾。黄道婆重返故乡时，植棉业已经在长江流域大大普及，但纺织技术仍然很落后。她回来后，就致力于改革家乡落后的棉纺织生产工具，她根据自己几十年丰富的纺织经验，毫无保留地把自己精湛的织造技术传授给故乡人民。一边教黄母祠家乡妇女学会黎族的棉纺织技术，一边又着手改革出一套赶、弹、纺、织的工具：去籽搅车，弹棉椎弓，三锭脚踏纺纱车……虽然她回乡几年后就离开了人世，但她的辛勤劳动对推动当地棉纺织业的迅速发展。在纺纱工艺上黄道婆更创造了新式纺车。当时淞江一带用报答都是旧式单锭手摇纺车，功效很低，要三四个人纺纱才能供上一架织布机的需要。黄道婆就跟木工师博一起，经过反复试验，把用于纺麻的脚踏纺车改成三锭棉纺车，使纺纱效率一下子提高了两三倍，而且操作也很省力。因此这种新式纺车很容易被大家接受，在淞江一带很快地

推广开来。黄道婆除了在改革棉纺工具方面做出重要贡献以外，她还把从黎族人民那里学来的织造技术，结合自己的实践经验，总结成一套比较先进的"错纱、配色、综线、絜花"等织造技术、热心向人们传授。因此，当时乌泥泾出产的被、褥、带、帨等棉织物，上有折枝、团凤、棋局、字样等各种美丽的图案，鲜艳如画。一时"乌泥泾被"不胫而走，附近上海、太仓等地竞相仿效。这些纺织品远销各地，很受欢迎，很快淞江一带就成为全国的棉织业中心，历几百年久而不衰。16世纪初，当地农民织出的布，一天就有上万匹。18世纪乃至19世纪，淞江布更远销欧美，获得了很高声誉。当时称淞江布匹"衣被天下"，这伟大的成就其中当然凝聚了黄道婆的大量心血。在黄道婆的故乡乌泥泾，至今还传颂着："黄婆婆，黄婆婆，教我纱，教我布，二只筒子二匹布"的歌谣。

秦 良 玉

秦良玉（1574年~1648年），忠州人（今重庆忠县），生于万历初年，汉族，字贞素。四川忠州（今属重庆忠县）人。明朝末年战功卓著的女性军事统帅、军事家。曾率"白杆兵"参加平播、援辽、平奢、勤王、抗清、讨逆（张献忠）诸役。累功至大明柱国光禄大夫、太子太保、太子太傅、少保、四川招讨使、中军都督府左都督、镇东将军、四川总兵官、忠贞侯、一品诰命夫人。死后南明朝廷追谥曰"忠贞"。

《明史》·秦良玉本传记载到："良玉为人饶胆智，善骑射，兼通词翰，仪度娴雅。而驭下严峻，每行军发令，戎伍肃然。所部号白杆兵，为远近所惮。"秦良玉一生戎马40余年，足迹遍及长城内外、大江南北、云贵高原、四川盆地。秦良玉是中国历史上唯一单独载入正史将相列传的巾帼英雄；唯一凭战功封侯的女将军；为数不多的文武双全女子。

秦良玉成人后，嫁与石柱土司马千乘。万历二十七年（1599 年）播州地区（今贵州遵义）的土司杨应龙造反。由于事起苍猝，贼寇连陷重庆、泸州等战略要地，进围成都。蜀中大震。

作为地方土司，马千乘以三千石柱兵从征，跟随明朝四川总督李化龙讨伐叛军。石柱兵皆持一种特制长矛，矛端呈勾状，矛尾有圆环，攀援山地险峻地形时，前后接应搭接，敏捷如猿。由于他们的矛杆皆以无漆的白杆制作，时人称之为"白杆兵"。秦良玉为解国难，统精卒五百人，自备军粮马匹，与副将周国柱一起在邓坎（今贵州凤岗）扼守险地，持弓援剑杀贼。为此，明朝总督李化龙大为叹异，命人打造一面银牌赠与时年 26 岁的秦良玉，上镌"女中丈夫"四个大字，以示表彰。万历二十八年（1600 年）正月初二，明军由于连连克捷，上下松懈，置酒高会，庆祝新春佳节。洞晓古今兵法的秦良玉多智，她预料贼军会乘夜偷营，诫嘱丈夫马千乘命令"白杆军"严禁饮酒，持矛裹甲，连夜分守险隘。半夜时分，明军官兵大部分醉醺醺的沉入梦乡，贼军果然突然发动袭击。醉梦中的官军一时间四一奔逃。所幸的是，早有准备的秦良玉夫妇率领"白杆兵"发起反突袭，叛军先胜后败，惶骇间被长矛捅倒无数，皆转身奔逃。

明军诸军喘息后集结众人合兵，直捣海龙囤，杀得贼兵血

流成河。贼首杨应龙骇然无奈，慌乱中自缢身死，播州之乱平息。此次平乱，秦良玉、马千乘夫妇"为南川路战功第一"，为诸司之先，并又获朝廷银牌及色缎等物作为奖励。

万历四十一年（1613年），秦良玉丈夫马千乘死于政府狱中。秦良玉含泪忍痛。她大义为重，殡敛丈夫后，未有生出任何反叛不臣之心，反而代替丈夫任石柱土司，忠于职守。《明史》中这样赞诩秦良玉："（其）为人饶胆智，善骑射，兼通词翰，仪度娴雅。而驭下严峻，每行军发令，戎伍肃然。"

万历四十四年（1616年），女真酋长努尔哈赤开始连连发动对明朝的进攻。两年后，萨尔浒一役（战场在今辽宁抚顺以东），明军惨败，诸营皆溃。自此之后，驻辽明军几乎是闻警即逃。明廷在全国范围内征精兵援辽。秦良玉闻调，立派其兄秦邦屏与其弟秦民屏率数千精兵先行，她自己筹马集粮，保障后勤供应。为此，明廷授秦良玉三品官服。

沈阳之战中，秦氏兄弟率"白杆兵"率先渡过浑河，血战满洲兵，大战中杀辫子兵数千人，终于让一直战无不胜的八旗军知晓明军中还有这样勇悍的士兵，并长久为之胆寒。由于众寡悬殊，秦邦屏力战死于阵中，秦民屏浴血突围而出，两千多白杆兵战死。但也正是由此开始，秦良玉手下的石柱"白杆兵"名闻天下。得知兄长牺牲消息后，秦良玉制一千多件冬衣，配送给远在辽地的石柱兵。然后，她自统三千精兵，直抵榆关布防（今山海关），控扼满州兵入关咽喉。明廷兵部尚书

张鹤鸣为此专门上奏天启帝，追赠死难的秦邦屏都督佥事，立祠祭祀。不久，明廷又诏加秦良玉二品官服，封诰褒奖。

由于这位女中丈夫的调度有方，明廷叙功，秦良玉得授总兵一职，成为地方大将。秦良玉是中国第一位以军功封官的女将。

孝 庄 太 后

　　清代太宗皇太极妃，谥号孝庄，博尔济吉特氏。是蒙古科尔沁部贝勒寨桑的二女儿。清朝历史上一位举足轻重、颇受关注的人物。孝庄皇后出生于蒙古科尔沁部的一个显赫家庭。在明末东北各族各部的混战中，她作为政治联姻的纽带嫁给崛起于白山黑水的后金"英明汗"努尔哈赤的儿子皇太极为侧福晋，时年十三岁。在后金的一步步成功中，她逐渐卷入一场又一场政治斗争的漩涡，并展示出了她卓越的政治才华，逐步确立了稳固的地位并成为清初政坛上的一个一言九鼎的人物。

　　历史上的孝庄皇后她的功绩是清代任何一位皇后所不能及的。孝庄先后辅佐三代帝王，对清军的入关，灭明和巩固起到了不可估量的作用。她虽然有能力可作为中国第二个武则天，然而她没有。朝廷大臣也有要求垂帘或是临朝的，但是她都婉

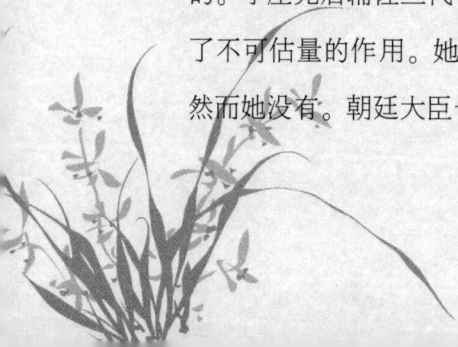

言拒绝了，为了辅佐自己的儿子和孙子而活，这是最让人敬佩的。这就是她的境界，她是不想被后人指责，不想乱了朝政。孝庄文皇后一生经历清初四朝，正是由乱到治的关键历史时期。她全力辅佐皇帝，对调和清宫内部矛盾和斗争，稳定清初社会秩序，促进国家的统一作出了重大贡献。后世称之为"清代国母"。

孝庄生活俭朴，不事奢华，平定三藩时，把宫廷节省下的银两捐出犒赏出征士兵。每逢荒年歉岁，她总是把宫中积蓄拿出来赈济，全力配合、支持孙子的事业。她的表率行为，更使皇帝增加十二分敬意。康熙二十一年（1682年）春，皇帝出巡盛京，沿途几乎每天派人驰书问候起居，报告自己行踪，并且把自己在河里捕抓的鲢鱼、鲫鱼脂封，派人送京给老祖母尝鲜。

康熙二十六年（1687年）十二月，孝庄太后病危，康熙皇帝昼夜不离左右，亲奉汤药，并亲自率领王公大臣步行到天坛，祈告上苍，请求折损自己生命，增延祖母寿数。康熙在诵读祝文时涕泪交颐，说："忆自弱龄，早失怙恃，趋承祖母膝下，三十余年，鞠养教诲，以至有成。设无祖母太皇太后，断不能致有今日成立，罔极之恩，毕生难报……若大算或穷，愿减臣龄，冀增太皇太后数年之寿。"然而自然规律是无法抗拒的，该月二十五日，孝庄走完了她的人生旅程，以七十五岁的高寿安然离开了人世。皇帝给祖母上了尊崇的谥号——孝庄仁

宣诚宪恭懿翊天启圣文皇后。根据她的遗愿，灵枢没有运往盛京与皇太极合葬，而是暂安在京东清东陵。

在孝庄文皇后的一生中，她能从爱新觉罗氏的利益出发，多次在关键时刻发挥自己的智慧，一次又一次地挽救了大清的统治，在大清王朝从开疆拓土到康乾盛世的过渡中，起着不可估量的重要作用。孝庄文皇后可谓清代后妃中的第一人。

沈　寿

　　沈寿（1874年~1921年）初名云芝，后名雪芝，字雪君，号雪宦，别号天香阁主人。她1874年出生于江苏吴县阊门海宏坊一个古董商的家庭，从小学绣，16岁时已颇有绣名。1904年沈寿绣了佛像等八幅作品，进献清廷为慈禧太后祝寿，慈禧极为满意，赐"寿"字，遂易名为"沈寿"。同年，沈寿受清朝政府委派远赴日本进行考察，交流和研究日本的刺绣和绘画艺术。回国后被任命为清宫绣工科总教习，自创"仿真绣"，在中国近代刺绣史上开拓了一代新风。

　　苏州的刺绣素负盛名。尤其是苏州城外的木渎一带，几乎家家养蚕，户户刺绣，堪为"苏绣之乡"，小时候，雪芝常去那里的外婆家，对奇妙的苏绣艺术发生了浓厚的兴趣。她在姐姐沈立的带领下，7岁弄针，8岁学绣，开始了为之付出毕生

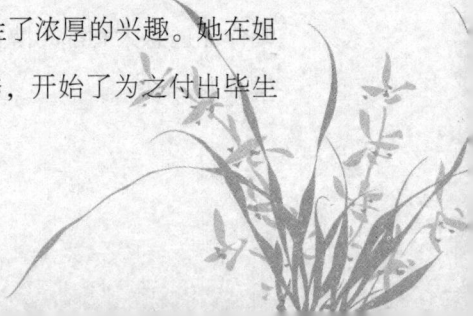

精力的刺绣生涯。雪芝天资聪颖，又好钻研，学绣进步很快。起初，她绣些花草之类，主要是一些实用性绣品。后来就将家中收藏的名画作为蓝本，开始绣制艺术性作品。十六七岁，她便成了苏州有名的刺绣能手。雪芝二十岁结婚，丈夫余觉（名冰臣，又名兆熊），浙江绍兴人，后居苏州。他出身书香世家，能书善画，经济条件也颇好。婚后夫妻俩一个以笔代针，一个以针代笔，画绣相辅，相得益彰。雪芝除操劳家务外，总是闭门刺绣，从不间断。

光绪三十年（1904年）十月，是慈禧太后的七十寿辰。清政府谕令各地进贡寿礼。余觉得知消息后，听从友人们的建议，决定绣寿屏进献，他们从家藏古画中选出《八仙上寿图》和《无量寿佛图》作为蓝本，很快勾勒上稿，并请了几位刺绣能手一齐赶制，雪芝在这些绣品上倾注了很多心血。慈禧见到《八仙上寿图》和另外三幅《无量寿佛图》，大加赞赏，称为绝世神品。她除授予沈雪芝四等商勋外，还亲笔书写了"福"，"寿"，两字，分赠余觉夫妇。从此，沈雪芝更名"沈寿"。

1911年，沈寿绣成《意大利皇后爱丽娜像》，作为国礼赠送意大利，轰动该国朝野。意大利皇帝和皇后曾亲函清政府，颂扬中国苏州刺绣艺术精湛，并赠沈寿金表一块。同时将这一幅作品送意大利都朗博览会展出，荣获"世界至大荣誉最高级卓越奖"。

　　1914 年，张謇在江苏南通创办女红传习所。沈寿应聘来到南通，担任了所长兼教习，余觉则担任了南通平民工场的经理。女红传习所起初附设在南通女子师范学校，后移到南通濠阳路，传习所第一期招生二十余人，以后逐年增加，学制也逐渐完善。所内设有速成班，普通班，美术班和研究班。

　　沈寿不仅是一位出色的刺绣艺术家，而且还是一位富有经验的刺绣教育家。在教学中，她主张 "外师造化"，培养学生仔细观察事物的能力。绣花卉，她就摘一朵鲜花插在绷架上，一面看一面绣。绣人物，她则要求把人的眼睛绣活，绣出人的精神，在沈寿的精心教诲下，南通女红传习所培养了许多苏绣人才。南通的绣品也逐步形成了 "细" "薄" "匀" "净" 的风格，在国内外打开了销路。

　　沈寿在南通 "授绣八年，勤诲无倦"，不幸积劳成疾，张謇 "惧其艺之不传"，便在延请名医为沈寿治病期间，征得她的同意，亲自动手记录整理她的刺绣艺术经验。沈寿在病体稍微好一点的情况下，边回忆边口述，历经几个月，终于写成《雪宦绣谱》一书。张謇在绣谱的序言中说："积数月而成此谱，且复问，且加审，且易稿，如是者再三，无一字不自謇书，实无一语不自寿出也。" 由此可见，这本绣谱确实是沈寿四十年艺术实践的结晶。此书分绣备，绣引、针法、绣要、绣品、绣德、绣节、绣通，共八章。从线与色的运用，刺绣的要点到艺人应有的品德修养，以至保健卫生，都有比较完整的阐

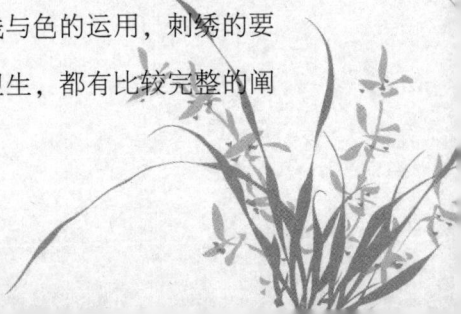

述，堪为我国第一部系统总结苏绣艺术经验的专门著作。

1921年6月18日，沈寿病殁于南通，终年48岁。根据沈寿生前的愿望，张謇将她安葬于南通马鞍山墓地，墓门石额上镌刻着张謇的楷书"世界美术家吴县沈女士之墓阙"。墓后立碑，碑阳镌刻着张謇撰写的《世界美术家吴县沈女士灵表》，碑阴雕刻着沈寿遗像。大师已去，艺术长存，她的精美绣品长留人间，至今仍熠熠生辉。在北京、南京、上海、苏州、南通等地的博物馆都收藏有沈寿的绣品，当人们看到她绣的《八仙上寿图》、《耶稣像》、《倍克像》、《无量寿佛》、《万年青》、《花鸟册页》、《生肖像》、《观音像》、《文蛤图》、《柳燕图》时，无不为之倾倒，惊叹这位苏绣大师，以其超人的智慧，灵巧的绣手终于把传统的苏绣工艺提高到了更为绚丽神奇的艺术境界。

秋　　瑾

　　秋瑾，女，原名秋闺瑾，字璿卿（璇卿），号鉴湖女侠。祖籍浙江山阴（今绍兴市），出生于福建厦门。蔑视封建礼法，提倡男女平等，常以花木兰，秦良玉自喻。性豪侠，习文练武，喜男装。清光绪二十年（1894年），其父秋信候任湘乡县督销总办时，将秋瑾许配给今双峰县荷叶乡神冲王廷钧为妻。光绪二十二年，秋与王结婚。王廷钧在湘潭开设"义源当铺"，秋瑾大部分时间住在湘潭，也常回到婆家。这年秋天，秋瑾第一次回到神冲，当着许多道喜的亲友朗诵自作的《杞人忧》："幽燕烽火几时收，闻道中洋战未休；膝室空怀忧国恨，谁将巾帼易兜鍪"，以表忧民忧国之心，受到当地人们的敬重。

　　光绪二十六年（1900），王廷钧纳资为户部主事，秋瑾随王赴京。不久，因为八国联军入京之战乱，又回到家乡荷叶。次

年在这里生下第二个孩子王灿芝。光绪二十九年，王廷钧再次去京复职，秋瑾携女儿一同前往。1904 年夏，她毅然冲破封建家庭的束缚，自费东渡日本留学，先入日语讲习所，继入青山实践女校。并在横滨加入了冯自由等组织的三合会。

秋瑾在日期间，积极参加留日学生的革命活动，与陈撷芬发起共爱会，和刘道一等组织十人会，创办《白话报》，参加洪门天地会，受封为"白纸扇"（军师）。光绪三十一年归国。春夏间，经徐锡麟介绍加入光复会。七月，再赴日本，加入同盟会，被推为评议部评议员和浙江主盟人，翌年归国，在上海创办中国公学。不久，任教于浔溪女校。同年秋冬间，为筹措创办《中国女报》经费，回到荷叶婆家，在夫家取得一笔经费，并和家人诀别，声明脱离家庭关系。其实是秋瑾"自立志革命后，恐诛连家庭，故有脱离家庭之举，乃借以掩人耳目。"是年十二月（1907 年 1 月），《中国女报》创刊。秋瑾撰文宣传女解放主张提倡女权，宣传革命。旋至诸暨、义乌、金华、兰溪等地联络会党，计划响应萍浏醴起义，未果。

光绪三十三年正月（1907 年 2 月），秋瑾接任大通学堂督办。不久与徐锡麟分头准备在浙江、安徽两省同时举事。联络浙江、上海军队和会党，组织光复军，推徐锡麟为首领，自任协领，拟于 7 月 6 日在浙江、安徽同时起义。因事泄，于 7 月 13 日在大通学堂被捕。7 月 15 日从容就义于浙江绍兴轩亭口。光绪三十四年，生前好友将其遗骨迁葬杭州西湖西泠桥畔，因清廷逼令迁移，其子王源德于宣统元年（1909 年）秋将墓迁葬湘潭昭山。1912 年，湘人在长沙建秋瑾烈士祠，又经湘、浙两省商定，迎送其遗骨至浙，复葬西湖原墓地。后人辑有《秋瑾集》。

　　孙中山和宋庆龄对秋瑾都有很高的评价。1912 年 12 月 9 日孙中山致祭秋瑾墓，撰挽联："江户矢丹忱，重君首赞同盟会；轩亭洒碧血，愧我今招侠女魂。"1916 年 8 月 16 日至 20 日，孙中山、宋庆龄游杭州，赴秋瑾墓凭吊，孙说："光复以前，浙人之首先入同盟会者秋女士也。今秋女士不再生，而'秋风秋雨愁煞人'之句，则传诵不忘。"1942 年 7 月宋庆龄在《中国妇女争取自由的斗争》一文中称赞秋瑾烈士是"最崇高的革命烈士之一"。1958 年 9 月 2 日宋为《秋瑾烈士革命史迹》一书题名。1979 年 8 月宋为绍兴秋瑾纪念馆题词："秋瑾攻诗文，有'秋风秋雨愁煞人'名句，能跨马携枪，曾东渡日本，志在革命，千秋万代传侠名。"

宋 庆 龄

　　1893 年 1 月 27 日宋庆龄诞生在上海一个牧师兼实业家的家庭。她的父亲作为孙中山的朋友和同志，是她的第一个启蒙老师。少年时代，她即负笈异域，在美国接受了"欧洲式的教育"，受到民主主义的洗礼。辛亥革命推翻了清朝专制统治，使她对祖国的独立、自由、民主和富强满怀憧憬。父亲源源寄来的书信与剪报资料，在她的心中与孙中山领导的革命事业架起了桥梁。然而，共和国在摇篮中被扼杀，革命的大潮已经消退，宋庆龄学成归国改革和建设祖国的抱负无由施展。她径直到流亡的革命党人集中的东京，不久即担任了孙中山的助手，开始了她长达 70 年的革命生涯。

　　1915 年 10 月 25 日，宋庆龄不顾父母的反对，毅然决定与流亡中的孙中山结婚，以坚定的步伐毫不犹豫地跟随孙中山

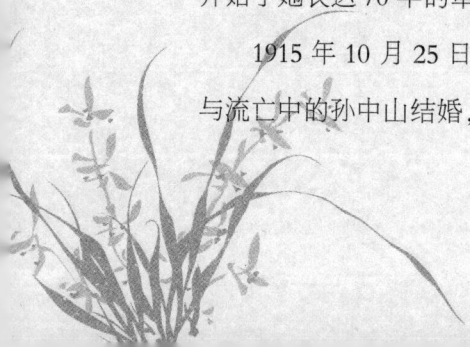

踏上捍卫共和制度的艰苦斗争历程。1925 年 3 月 12 日孙中山在北京逝世。他把"和平、奋斗、救中国"的嘱托交给了宋庆龄和他的同志。

1927 年 8 月，宋庆龄出访苏联，以后旅居欧洲 4 年，考察了世界上第一个社会主义国家和几个主要的资本主义大国，研读了马克思的著作，与流亡欧洲的许多中国革命者一起研究中国革命的核心问题——土地和农民问题，思想上有了质的飞跃。

当日本帝国主义对中国的侵略不断扩大，民族矛盾上升为社会主要矛盾的时候，宋庆龄迅速作出科学的判断和正确的决策，认为"国难当头、应该尽弃前嫌。必须举国上下团结一致，抵抗日本，争取最后胜利。"她关于全国团结抗战的思想，与克服了"左"倾教条主义的中国共产党建立抗日民族统一战线的战略方针是相一致的。她并且为国共两党实现第二次合作搭桥铺路，起着不可替代的特殊作用。

1949 年 9 月 21 日至 30 日，中国人民政治协商会议第一届全体会议在北京召开，宋庆龄当选为中华人民共和国中央人民政府副主席、中国人民政治协商会议第一届全国委员会常务委员。

1949 年，中华人民共和国成立后，宋庆龄长期承担了大量的国务活动。与此同时，她把许多精力投入妇女与儿童的文化、教育、卫生与福利事业中。之后她一直担任中华全国民主

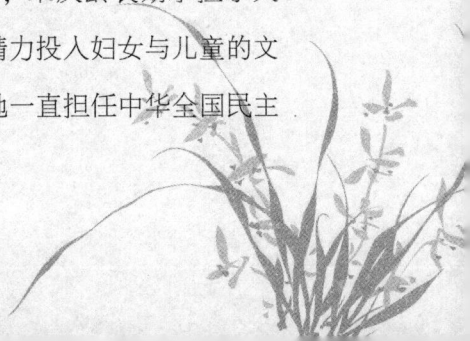

妇女联合会名誉主席、中华人民共和国全国妇女联合会名誉主席和中国人民保卫儿童全国委员会主席职务。1950年，她被选为世界和平理事会理事。1952年，被选为亚洲及太平洋联络委员会主席。

1954年9月宋庆龄当选为第一届全国人民代表大会常务委员会副委员长。1959年4月7日，第二届全国人民代表大会第一次会议召开，宋庆龄当选为中华人民共和国副主席。1965年1月，第三届全国人民代表大会召开，她再次担任中华人民共和国副主席。1975年1月，第四次全国人民代表大会她再次当选全国人民代表大会常务委员会副委员长。78年2月第五次全国人民代表大会连任常务委员会副委员长。80年8月30日，第五届全国人民代表大会第三次会议上担任大会执行主席。

1981年5月14日，宋庆龄患的冠心病、肝癌及慢性淋巴性白血病病情恶化。15日中共中央政治局宣布接收宋庆龄为中国共产党正式党员。16日，全国人民代表大会常务委员会授予宋庆龄中华人民共和国名誉主席荣誉称号。1981年5月29日20时18分病逝于北京。

萨　福

　　萨福出生于莱斯博斯岛的一个贵族家庭。莱斯博斯岛就是现在的米蒂利尼岛，在公元前 7 世纪曾是一个文化中心。萨福在莱斯博斯岛上度过了无忧无虑的童年时代。青年时期，她因卷入了一起推翻执政王事件而被放逐到意大利北部的西西里岛。

　　在流亡中，她嫁给了富有的西西里男子瑟塞勒斯，他们育有一女，名叫克雷斯。丈夫去世后，给她留下大笔财产，她在西西里岛上过着平静优裕的生活。这时，她开始创作诗歌，诗篇从西西里岛传出使她名声远播；与她同时代的雅典立法家梭伦听到侄子吟诵她的诗歌，非常喜欢。等她回到故乡莱斯博斯岛时，已是一位无可匹敌的诗人了。在莱斯博斯岛上她创办女子学校，教授诗歌、音乐、仪态，甚至美容和服饰。许多人慕

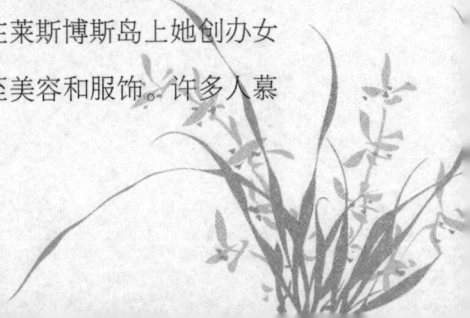

名而来，贵族们也把自己的女儿送往该校，闲暇之余她还热情地教授女孩们恋爱艺术。萨福的许多诗篇都是对这些女弟子学成离别或嫁为人妇后的相思。

萨福是西方文学史上开天辟地的女诗人，她创造出了自己特有的抒情诗体"萨福体"。柏拉图曾夸赞她的诗是"缪斯附体"，不过萨福侍奉的女神不是缪斯，而是爱神阿佛洛蒂特，这就注定了她的风格：优雅精致、性感香艳。

据奥维德的传说，萨福爱上过一名年轻水手，后来为情所困跳崖自尽。但一些史学家则认为她一直活到公元前550年左右才寿终正寝。

托米丽斯女王

在公元前 6 世纪左右的世界版图上，西亚地区就像一块肥肉，被一个强大的帝国——波斯贪婪地吞食着。号称"世界之王"的波斯王居鲁士大帝连年东征西讨，所向披靡。但是最后终止他铁蹄前进、甚至让他命丧黄泉的竟是一个女子——她就是草原民族马萨盖特部落联盟的首领托米丽斯女王。

马萨盖特部落游牧在伊朗高原的东部。托米丽斯女王原为王后，夫王死后成为部落首领。当时，波斯帝国正在扩张，已征服了大部分西亚国家，控制了大半个中东地区。居鲁士大帝虽实力雄厚亦不敢小觑这个女人，所以当他准备进攻马萨盖特部落时，并没有贸然进攻而是先使了一计。他派遣使节到托米丽斯那里去，假装表示向她求婚。聪明的女王当然知道他所要的不是她本人，而是马萨盖特人的王国，便不许任何使节前来

见她。居鲁士看到他的诡计未能得逞，便在公元前 529 年率大军向托米丽斯女王的部落发动了进攻。

居鲁士大帝布下疑兵阵，故意令军队悄悄后退，前方营中只留少数士兵陈设酒宴。女王军队不幸中计，前锋部队杀将过去就地畅饮，结果个个酩酊大醉。居鲁士军队却突然杀回，女王前锋军队措手不及，大部分被俘虏，她的儿子也在其中。女王便派了一名使者到居鲁士那里，要求他放回她的儿子，居鲁士却不为所动。而托米丽斯之子拒不屈服，又羞愧难当，最终拔剑自刎。得知亲子死讯，女王万分悲痛，发誓雪耻。她火速召集部众，双方在锡尔河畔展开了一场空前的激战。结果波斯军惨败，居鲁士本人也在统治了 29 年之后于此役中战死。托米丽斯女王用革囊盛满人血，将居鲁士的首级割下放入其中，愤然说道："你喜欢饮血，把你的头用血泡起来，让你饮个痛快吧！"

克里奥帕特拉七世

　　埃及唯一的女王，也是最后一位国王，世称"埃及艳后"。她是一个"无与伦比的女人"，不仅美丽，也很有政治头脑。她懂得如何利用自己的美艳和智慧，实现远大的政治目标——保全埃及的独立，重现亚历山大大帝时代的辉煌。

　　克里奥帕特拉七世是埃及国王托勒密十二世的女儿，生于公元前 69 年。公元前 51 年她的父亲去世，她与异母弟托勒密十三世共同继承王位。不久姐弟失和，公元前 48 年势单力薄的她被逐出亚历山大里亚。其时罗马帝国正在扩张，适逢恺撒在埃及活动，她便秘密潜回亚历山大里亚，略施小计献身于恺撒，成为他的情妇。公元前 47 年，托勒密十三世被他姐姐的情郎打败，溺死于尼罗河。从此这个女人依恃强大的恺撒，成了埃及的实际统治者。恺撒被刺身亡后，安东尼称雄于罗马。

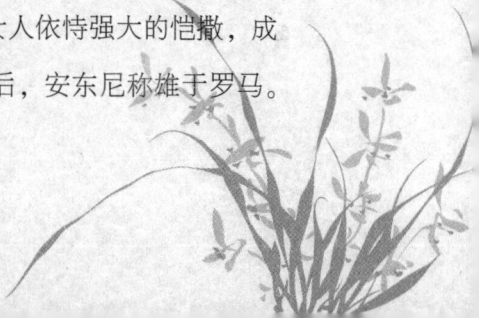

　　她故技重施，再一次投入了这个当时最有权力的男人的怀抱。公元前37年，安东尼违反罗马的传统习惯，同克里奥帕特拉七世结婚，并宣布把罗马在东方的部分领土分别赐予给她和她的儿子，甚至在遗嘱中指令将他的遗体安葬在亚历山大里亚。安东尼的所作所为，受到罗马人的非议并激起众怒。此时，与安东尼早有嫌隙且长期进行权力之争的屋大维壮大起来，在他的鼓动下，元老院和公民大会决议对克里奥帕特拉七世宣战。

　　公元前30年，屋大维进攻埃及，包围亚历山大里亚。安东尼看到大势已去，伏剑自刎。克里奥帕特拉七世知道自己的死期将近，但当她被屋大维智擒后，面对又一个权力中心的男人，她再一次拿起了女人妩媚的武器。但屋大维接受了教训，在权力和美色面前做了一个理智而残忍的选择。这个曾经征服了一个又一个男人的"女王"终于败下阵来，在绝望中，她的美女箭倒戈射向了自己。伴随着"埃及艳后"的自杀，埃及古国也谢下了她妖艳的最后一幕，从此并入罗马版图。

希帕蒂娅

希帕蒂娅出生于古罗马的亚历山大城。她家学渊源，父亲是亚历山大城卓有成就的数学家和天文学家。当时的罗马正是基督教一统天下的局面，根本没有科学的地位，父亲却鼓励她热爱科学，培养她独立自由的思想。

在父亲的指引下，她 10 岁左右就掌握了许多数学知识，懂得如何运用相似三角形的性质来计算出金字塔的高度。不到 20 岁，她已读过古希腊著名数学家欧几里得的《几何原本》、阿基米德的《论球和圆柱》等几乎所有当时能读到的数学名著。20 岁时，希帕蒂娅求学于雅典，研习历史、哲学和数学，继而又去意大利访问。395 年她学成回乡，继承父业，开始在亚历山大博物院进行科学研究和讲授数学、哲学等课程。她讲学雄辩生动，既富知识性，又具思想性，这使她成为亚历山大

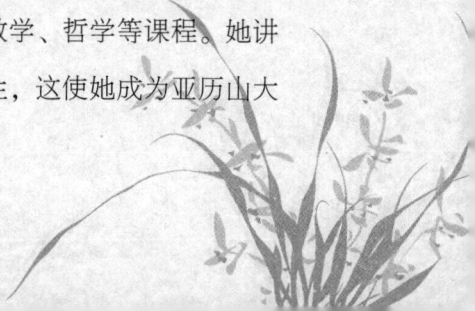

最受欢迎的学者，30 岁时她已经成为流行的新柏拉图哲学学派的学术领袖。

希帕蒂娅始终铭记父亲的教诲，不为宗教所禁锢，一心追求科学真理和思想自由。面对某些基督教徒的恐吓，她也毫无惧色，而是义正辞严地加以驳斥。她的自由精神和人格魅力吸引了来自世界各地的无数学生，亚历山大城的领主奥雷斯特也同她结下了深厚的友谊。然而，希帕蒂娅对科学的传播和发展所做的贡献越大，受尊敬的程度越高，居心叵测的教会就越发恐慌愤怒，领主的政敌——亚历山大的大主教西瑞卡也越将她视为眼中钉，欲除之而后快。

415 年 3 月的一天，惨案终于发生了，希帕蒂娅在回家的路上被西瑞卡的一伙信徒拦截，拖入旁边的教堂，用极为卑鄙残忍的手段将她杀害并烧为灰烬。这一年，她才 40 多岁。她的悲剧成为西方早期文明终结的戏剧性象征，也让作为古代学术中心的亚历山大开始丧失其吸引学者的魅力。

推古天皇

　　推古天皇出生于 554 年，原名丰御食炊屋姬，是日本第 33 代天皇，也是日本首位女天皇。她是日本第 29 代钦明天皇的公主，是自己同父异母的哥哥敏达天皇的皇后，也是当时权臣苏我马子的外甥女，最后一个身份在她当上女天皇的过程中起了至关重要的作用。

　　这位女天皇的继位充满了传奇性。585 年，她的夫婿敏达天皇去世，他的弟弟用明天皇继位，两年之后旋即去世，围绕着王位继承问题，日本两大贵族苏我马子和物部守屋展开了殊死搏斗。最终，苏我氏获胜后立自己的外甥为天皇，即 32 代崇峻天皇。崇峻天皇因不甘心成为苏我马子的傀儡，于 592 年被苏我马子指示部下刺死。推古的儿子竹田皇子和用明天王的儿子圣德太子为争夺皇位闹得不可开交，由于两派人马势均力

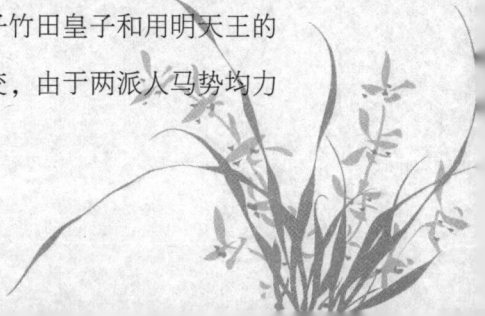

敌，最后苏我马子推举外甥女继位，就是推古天皇。

尽管身为女性，但推古天皇极具政治头脑，她没有对曾与自己的儿子争过皇位的圣德太子秋后算账，反而将他立为摄政王，辅佐自己执政。她的宽容弥合了皇室内部的裂痕，在她执掌大权的36年中，皇室内部再未发生过争夺皇位的斗争，社会也因此而获得了稳定。在圣德太子的辅佐下，推古天皇推行了一系列改革措施，她大力加强皇权，限制大贵族势力，大力推广佛教，推动日本进入了一个快速发展的时代。推古天皇还主动加强了与中国的联系，4次派遣使节团访问中国古代的隋朝，揭开了此后近300年中日频繁交往的序幕。随着大量汉文化的输入，日本迎来了历史上第一个文化繁荣时代——"飞鸟时代"。

628年推古天皇病逝。她在病逝之前，下诏要求不要厚葬自己，而是把自己和儿子竹田皇子葬在一起。她是日本8位女天皇中政绩最为显赫的，至今仍为日本社会广泛称道。

紫 式 部

　　紫式部是日本平安时代中期的女作家，又称紫珠，大概生于 973 年，卒于 1014 年。她出生于书香门第，父亲藤原为时是有名的中国文学学者，对中国古典文学颇有研究。母亲叫藤原为信，在紫式部年幼时去世。紫式部自幼跟从父亲学习中国诗文，熟读中国典籍，对白居易的诗有较深的造诣，她也擅乐器和绘画，有才女之称。

　　大概在 998 年左右，她嫁给了一个年长她 20 多岁的地方官僚藤原宣孝。婚后 3 年藤原宣孝去世。紫式部寡居之后，生活孤苦无依，因创作《源氏物语》而文名远扬。后来，她受到藤原道长等高官显贵的器重，1005 年起开始担任后宫皇后一条彰子的女官，为她讲授《日本书纪》和《白氏文集》等汉籍古书，官名为藤式部，后改称紫式部。这使得她有机会直接接

触宫廷生活，对妇女的不幸和宫廷的内幕有了全面的了解，为她的创作提供了艺术素材。

在皇宫时期，她著有《紫武部日记》和《紫式部集》等作品。前者主要记述紫式部侍奉皇后一条彰子时的宫廷生活。后者又称《紫式部家集》，收和歌作品123首，按年代顺序排列，描述了作者从少女时代到晚年的生活和感悟。《源氏物语》直到她逝世前才成书，被誉为日本古典文学的高峰，是歌物语和传奇物语两种传统的集大成者。

玛格丽特一世

　　她是一个叱咤风云的铁腕女子，从未登基受封，却被誉为丹麦历史上最伟大的君主之一，堪称"无冕女王"。她诞生在女性无权继承王位的年代，而后人始终将一个响亮的称谓留给了她——玛格丽特一世。

　　1353 年，玛格丽特出生在丹麦，她是丹麦国王瓦尔德玛四世最年轻的女儿。她不但天生丽质、绝顶聪明，而且胸怀大志、野心勃勃。1363 年，年仅 10 岁的她嫁给了挪威王子也就是日后的国王哈康六世。1375 年她的父王逝世，她凭着才智和手腕，将本应登上王位的她姐姐的儿子排斥在外，把自己的儿子奥拉夫王子推上了丹麦国王的宝座。奥拉夫继位时年仅 6 岁，所以玛格丽特成为丹麦的实际统治者。1380 年玛格丽特的丈夫哈康六世死后，她的儿子奥拉夫又继承了挪威王位。这

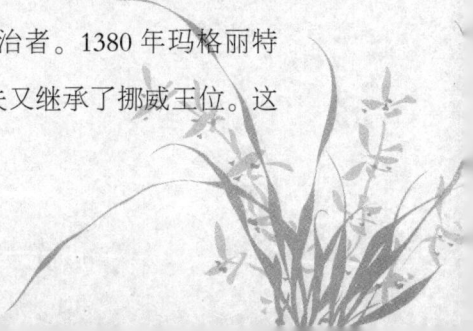

样，玛格丽特成了丹麦、挪威两国的实际统治者。1387 年，17 岁的奥拉夫早夭。丹麦帝国议会迫于形势决定，在找到合适的男性继承人之前，推举玛格丽特为丹麦的"全权统治者和监护人"。玛格丽特虽无女王的正式头衔，但实际上已成为丹麦女王。次年，挪威也推举她为"名正言顺的统治者"。她得到丹麦、挪威的统治权后，把目光转向垂涎已久的瑞典。经过 7 年的谈判和战争，她用尽了各种手腕和策略，终于击败了瑞典国王阿尔布莱克特，取得瑞典的统治权。至此，丹、挪、瑞三国联盟事实上已经形成。为使三国联盟永远保持下去，玛格丽特开始考虑她的继承人问题。她收养了她姐姐的外孙艾立克，并努力说服丹、挪、瑞三国的国务委员会推选艾立克为她的继承人。1397 年，三国代表在瑞典东南部的沿海城市卡尔马聚会，正式建立"卡尔马同盟"，拥立年仅 16 岁的艾立克为三国联盟的君主，并为他加冕，玛格丽特则仍退居摄政地位。

1412 年，玛格丽特为了收回被当时的普鲁士所占领的日德兰南部地区，乘船南下，试图再次施展外交手腕收复失地。但是，当她的船到达弗兰斯堡海湾时，她不幸传染上了鼠疫，这一年的 10 月 28 日，她凄凉地死在船上。

克里斯蒂娜·德·皮桑

1364 年，克里斯蒂娜出生在意大利威尼斯城。她的父亲托马斯是一位占星家，也是威尼斯城的议员。在克里斯蒂娜出生之后，父亲接受法国国王查尔士五世的邀请来到巴黎，担任国王宫廷里的占星家。克里斯蒂娜获得了良好的教育，她有机会博览宫廷图书馆大量古典文学的手稿，因此，她对古希腊文化和文艺复兴时期的文化非常了解，并且掌握了很好的语言才能。

15 岁时，克里斯蒂娜和宫廷法院的一位秘书结了婚，育有一子一女。1390 年她的丈夫跟随国王访问博韦，意外染病而亡。3 年后她开始创作爱情歌谣，宫廷中一位富有者被她作品中的女性想象和柔情深深吸引，后来他对克里斯蒂娜给予了资助。从 1393 年到 1412 年，克里斯蒂娜的创作非常旺盛，写

出了 300 多首爱情歌谣和短诗。

1401 年到 1402 年间，克里斯蒂娜参与了当时文坛上的一场争论。这场论争是关于 13 世纪法国作家约翰·德·蒙的《玫瑰传奇》。《玫瑰传奇》讽刺了庸俗的宫廷爱情，并且把女性看做是罪魁祸首。克里斯蒂娜强烈反对作者使用的语言，因为它们充满了对女性的污蔑。这场争论由于克里斯蒂娜的参与而超出了文学语言的层面，成了关于女性在社会中的作用和地位的争论。通过争论，克里斯蒂娜树立自己知识女性的形象，她的影响也超出了宫廷的范围。

1405 年，克里斯蒂娜完成了她的代表作《妇女城》。这本书一方面展示了女性在社会中的重要地位，另一方面也教育女性如何通过自我学习而反抗社会对她们的歧视。她的最后一部作品《圣女贞德的传说》写于 1429 年，颂扬了法国女英雄圣女贞德。她在这部作品中暗示了自己文学生涯的终结。

克里斯蒂娜的确切卒年已无法得知。

贞　　德

1412 年 3 月 28 日，贞德出生在法国的农村栋雷米。这个村庄属于法国东北部仍然忠诚于法国王室的一小块孤立地区之一。当时正经历英法百年战争（1337-1453），法国屡屡战败。在贞德的童年中，村庄遭受了几次袭击，其中一次甚至使村庄起了大火。

传说贞德 16 岁时在村后的大树下遇见天使圣米迦勒、圣玛嘉烈和圣凯瑟琳，神要求她带兵收复失地，并辅佐王储查理七世登基。1428 年贞德访问法国驻防部队指挥官博垂科特，希望觐见王储，被嘲笑一番。第二年，她再次提出要求，并说出了一些神奇应验的战情预报，终于见到查理七世。当年，贞德参加了解救奥尔良的战斗，战场上她足智多谋、身先士卒。奥尔良战役获胜后，她提出了大胆的作战计划，放弃进攻巴

黎，而选择进攻路程远远超过巴黎的兰斯——这里是法国国王加冕的地方。1429 年，法国收复了兰斯，次日查理七世在兰斯的大教堂举行加冕式。法军在贞德的指挥下挥师巴黎。然而，宫廷同英国勃艮第公爵进行了和谈，不久兵临巴黎城下的贞德就接到了撤军命令。撤退时贞德被敌方俘获，宗教裁判所以异端的罪名判处她死刑。1431 年 5 月 30 日，贞德被绑在火刑柱上受刑，她手中一直握着十字架祈祷。

　　20 年后，英国人被彻底逐出法国，贞德年老的母亲说服教宗重新审判贞德，1456 年她被平反，1920 年被封为"圣女"。

伊莎贝拉一世

　　1451 年，伊莎贝拉一世出生于卡斯提尔王国的牧歌镇。她 10 多岁时，成为继承卡斯提尔王国王位的候选人，当时的国王——他的长兄亨利四世希望她嫁给葡萄牙国王。1469 年她逃出家门，不顾亨利四世的反对与阿拉贡王国的继承人裴迪南结婚。亨利四世一怒之下宣布剥夺了她的王位继承权，并指定自己的女儿胡安娜为继承人。1474 年亨利死后，伊莎贝拉迅速登基卡斯提尔王位，并与胡安娜一派进行了一场内战。1479 年伊莎贝拉取胜，巩固了王位。同年，她的丈夫裴迪南成为阿拉贡国王。从此，夫妇二人共同统治西班牙的大片江山。

　　伊莎贝拉把自己的爱情押给了未来伟大的事业，她的婚姻标志着"统一的西班牙王国的形成"。在她与裴迪南共同统治

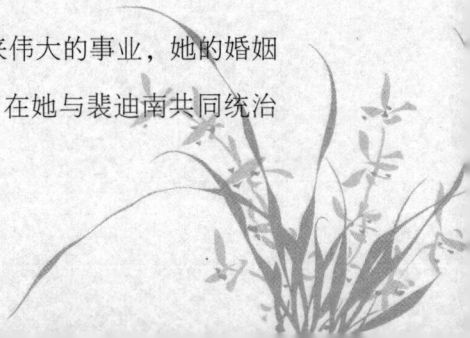

卡斯提尔王国和阿拉贡王国的 25 年中，其基本政策就是要创建一个统一的西班牙王国，并建立一个中央集权的专制君主国。伊莎贝拉是个勤政的女王，她的 5 个孩子全部在旅途中出生。从 1481 年到 1492 年，经过长达 12 年的征服战，裴迪南和伊莎贝拉取得了彻底胜利——征服了格拉那达等国，基本形成了现今西班牙的雏形。作为一对虔诚的天主教夫妻国王，他们对境内的异教徒，包括犹太人和穆斯林进行了迫害。1492 年，20 万拥有财富和技术的犹太人被驱逐出境；10 年后，摩尔人遭到了相同的命运。这也许是中世纪所有虔诚国王共有的缺憾，他们在天主教世界中得到广泛尊敬，却心安理得地对异教徒犯下罪行。

1504 年伊莎贝拉去世，她把所有称号给了女儿胡安娜。胡安娜的儿子卡洛斯一世成为西班牙王位的继承人，他还被选为神圣罗马皇帝，是当时财富最多、势力最大的欧洲帝王，其治下的西班牙帝国达到空前的强大。

伊丽莎白一世

　　在欧洲历史上，她亲手为英国贴上"大国"、乃至"世界霸主"标签；她历经坎坷而功勋卓著；她有一个多情而不负责任的父亲、一个婢女出身最后被处以死刑的母亲、一个被称为"血腥玛丽"的女王姐姐、一个曾经被宣布为"私生子"的童年、一个终生未嫁的"童贞"之身……她就是英格兰女王——伊丽莎白一世。

　　她统治英国长达 45 年（1558-1603）之久，开创了英国崛起的黄金时代——"伊丽莎白时代"。她为英国解决了许多棘手的问题。首先是宗教。她的父亲亨利八世和她的姐姐"血腥玛丽"女王在位时，推行极端的宗教政策，宗教的分裂已经威胁到整个英格兰的统一。她继位后以一项折中法案调和了宗教矛盾，使得英格兰新教徒和天主教徒之间逐渐消解仇恨，和睦共

处，英格兰因此保持了民族的统一。

其次是经济。她努力发展国内的工商业，大搞海外殖民扩张，开辟了好几条海外商路。在她的不懈努力下，英国经济逐渐走向了繁荣，为以后成为"世界霸主"打下了极好的基础。她又以和平的方式解决了英格兰与法国、苏格兰的战争。她打败西班牙"无敌舰队"，让世界见识了她强硬的面孔，也牢固地树立起英国海上霸主的地位。

伊丽莎白时代同时也是"英国文化史上美妙的春天"。其时文化璀璨，人才辈出，哲学家培根、戏剧大师莎士比亚纷纷亮相。1601年莎翁新剧《哈姆雷特》在伦敦上演。当哈姆雷特在舞台上说出"脆弱啊，你的名字是女人"时，台下就坐着这位意志坚定、掌握了无上权势的女王，而历史给她的名字绝不是"脆弱"，而是永远的"伊丽莎白一世"！

玛丽·斯图亚特

1542 年 12 月 8 日，玛丽出生在苏格兰。父亲是苏格兰国王詹姆士五世。出生 6 天，父亲去世，她成了苏格兰的女王，由母亲摄政。

当时英格兰对苏格兰实行侵占政策，法国的新国王亨利二世，打算通过苏格兰年幼的女王与自己刚出生的儿子联姻来统一法国与苏格兰。在法国的帮助下，英格兰撤军了。5 岁的玛丽和法国王子定了亲，被送往法国接受教育。玛丽在法国宫廷度过了 10 年的童年时光，受到了法国所能提供的最好的教育。1558 年 4 月 24 日，她在巴黎圣母院嫁给了法国王太子弗朗索瓦。第二年，亨利二世病故，弗朗索瓦成为了国王，玛丽成为了法国王后。但是，弗朗索瓦身体羸弱，18 岁时玛丽成了寡妇，返回苏格兰。然而，当时苏格兰政治形势之复杂，远非玛

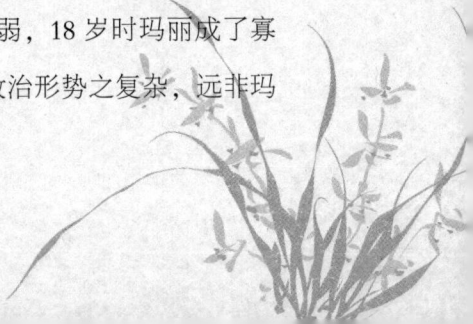

丽所能应付。宗教使得人民矛盾重重，当时玛丽作为天主教徒，却遭到了许多臣民和英格兰女王伊丽莎白一世以及新教邻国君主的猜疑。

1565 年，玛丽嫁给了表弟亨利·斯图尔特·达恩利爵士，后者英俊年轻，风度潇洒，但最有吸引力的是达恩利可以在英格兰女王伊丽莎白死后继承英格兰王位，如果伊丽莎白没有后嗣，这样达恩利和玛丽的子女都有可能去继承玛丽和伊丽莎白的王位。但是，达恩利傲慢自大，他要求玛丽给他"国王"的名号，还参与了一个反叛玛丽的贵族密谋组织，在袭击中导致玛丽流产。

1567 年，达恩利被掐死在别墅的花园里。人们认为这是玛丽的情人博斯韦尔伯爵所为，女王组织了一次审判，最终博斯韦尔伯爵被无罪释放。之后，玛丽和博斯韦尔伯爵开始了她的第三次婚姻。贵族们都反对这桩婚姻，起兵反叛。玛丽被囚禁在列文湖城堡，被迫退位并将王位传给只有 1 岁的儿子詹姆士。1568 年玛丽从列文湖逃脱，招募了一支军队，战败之后逃往英格兰，被英格兰女王伊丽莎白囚禁在卡莱尔城堡长达 18 年。

1587 年，玛丽被伊丽莎白处以极刑，行刑那天，她身着红色，表明她是一个天主教殉教者。

恩戈拉·恩津加·姆班迪

　　恩津加是安哥拉西北部恩东果王国的公主。她的童年时代，正是葡萄牙殖民主义者疯狂向安哥拉进行渗透和扩张的时期，她曾亲眼看到同胞带着脚镣，一批又一批地被葡萄牙士兵押往罗安达港口，像牲口一样被烙上火印标记，投进轮船底舱。她幼小的心灵充满了对侵略者的仇恨。她的父亲恩达姆比国王是个有民族气节、刚毅坚强的君主。

　　1618 年，父王去世。按照法律，王位应由恩津加的弟弟继承。但是，庶出的哥哥姆班迪谋杀了她的弟弟和她的独生子，篡夺了王位。恩津加逃到了恩东果王国的发祥地——马汤巴。葡萄牙殖民者乘机发动进攻，软弱无能的姆班迪不敢领导人民迎击敌军，率众逃跑。最终，姆班迪为保王位，同意举行谈判；但他胆小不敢去，只好求助于恩津加。为了祖国的利

益，恩津加毅然担当起谈判重任。她机智沉着地应对葡萄牙总督，终于促使其承认恩东果"是不臣属于葡萄牙的独立王国"，同意撤军，并归还战争中掳掠的奴隶。恩津加也答应准许葡萄牙商人和传教士进入恩东果，允许葡商人经此前往东部地区买卖奴隶。

1624 年姆班迪死后，恩津加继位，成为恩东果的女王。她号召各部族人民加强团结，共同抗击葡萄牙侵略者，还采取各种措施把所有姆班杜人联合起来，并同世敌雅加人谈判和好。1626 年，葡总督用扶植恩津加女王的一个近亲来反对她。恩津加第二次逃到马汤巴避难。在马汤巴她创建了一支强大的军队，马汤巴很快成为安哥拉东部地区最强大的王国和反抗葡萄牙的大本营。1640 年，她趁葡萄牙与荷兰冲突之际，联合荷军击败了葡军。

1654 年，她同葡萄牙总督签订了一项和平条约。自此直到她去世的 10 年内，葡军再也不敢轻易进攻马汤巴。1663 年 12 月 7 日，81 岁高龄的恩津加离开人世。

玛丽娅·特蕾莎

　　1717 年 5 月 13 日，特蕾莎出生在奥地利的哈布斯堡家族。这个家族世代统治着神圣罗马帝国，父亲查理六世就是奥地利帝国的皇帝，但他膝下无子，为了使哈布斯堡家族的统治得以延续，他在《国事诏书》里规定：当国王无男嗣时，女儿也可继承皇位。为了使《国事诏书》得到欧洲各国认可，他在位的后半生在内务和外交上就致力于此，甚至不惜为此牺牲了若干领土。

　　特蕾莎继位后没有辜负父亲的一片苦心。1740 年，她即位后的第一件大事就是为皇位而战。巴伐利亚选侯阿尔伯特宣布自己才是皇位的继承者，他得到了法国、普鲁士和萨克森的支持，向女王宣战。特蕾莎在这次战争中证明了自己的能力：她取得了匈牙利的拥护和英国的经济援助，又以暂时承认普鲁士

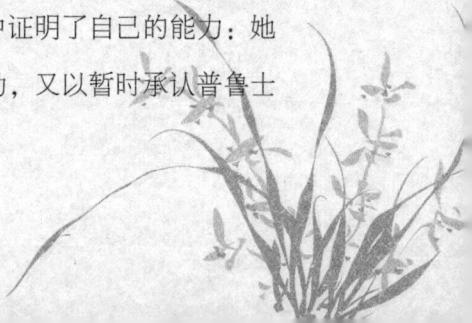

对西里西亚的占有为代价，瓦解了普鲁士与法国、巴伐利亚的同盟，最终取胜。

1756年女王又面临一次战争的考验。西里西亚是欧洲大陆上争夺的焦点。这一次奥、法、俄三个大国站在同一条战壕上，对抗普鲁士和英国结盟。尽管普鲁士国君腓特烈二世雄才大略，仍改变不了失败的命运。只是在奥、俄两军将直捣柏林之际，俄国女皇突然病逝，继位的彼得三世倒向普鲁士，使得特蕾莎的胜利有点遗憾——她没能收回西里西亚，但她体面地维护了奥地利和哈布斯堡家族的荣誉。

特蕾莎女王也是一个改革家，她以18世纪盛行的以"开明专制"为旗号进行了一系列改革。农奴制一直是束缚中、东欧国家社会经济发展的一大痼疾，女王虽然没有宣布废除，但她改善了农奴的生活条件，为后继者废除农奴制做好了铺垫。

特蕾莎在家庭生活中也处于统治地位。她将奥地利、匈牙利、波希米亚三顶王冠戴在自己头上，她的名字同18世纪的中欧紧密地联结在一起，而给丈夫留下了"神圣罗马帝国皇帝"这个虚名。

玛丽·沃尔斯通克罗夫特

1759 年 4 月 27 日，玛丽出生于伦敦东区的斯毕塔菲尔德。父亲经营农场不善，年幼的玛丽和家人是在颠沛流离中度过的。她的父亲还染上了酗酒的恶习，酒醉后便会对妻子拳脚相加。不幸的玛丽早早承担起了保护母亲、照顾弟妹的责任。

1768 年，她进入一所女子学校。这家学校的宗旨是培养适合成为绅士配偶的淑女，课程主要集中在法语、家政等方面。玛丽在校期间却养成了对时事和政治的兴趣，这一点在后来得到了明显的表现。当法国大革命爆发的时候，她热切关注革命，并且深受大革命所提出的"自由、平等、博爱"精神的影响。

1774 年，玛丽一家迁居伦敦，她结识了生命中一个重要的人范妮。范妮鼓励她离开不幸福的家庭，谋求自立。但是，为

了母亲她没有离开家庭，但她绝不做一个驯服的家庭妇女，而是坚持自学各种知识，并出席各种社会问题讨论小组。

1782 年，母亲过世后，她带着两个妹妹搬出了充满痛苦的家庭。两年后，她和范妮开设了一所女子学校。1785 年范妮婚后健康状况急剧恶化，玛丽放弃了学校去照料她；第二年范妮不幸去世，无暇管理的学校也倒闭了。范妮的死，给玛丽带来沉重的打击，她的第一部小说《玛丽：一篇小说》便源于此。为了生计，玛丽成为了一名自由撰稿人，她出版了一系列宣扬女权主义的著作，因此而成为知名的女权主义者。

玛丽在婚恋生活上也是一个充分自主的人。1793 年，她与美国人伊姆累同居，并加入了美国国籍。他们还生了一个孩子，但两人从未正式结婚。她同伊姆累彻底分手后，与作家威廉·戈德温相爱，于 1797 年正式结婚。同年，他们的孩子小玛丽出生，这次生育给她带来了多种并发症，9 月 10 日玛丽去世，年仅 38 岁。

斯塔尔夫人

　　1766 年 4 月 22 日，法国巴黎路易十六宫廷的财政大臣家一女婴出生，起名为安娜·路易斯·热尔曼娜·内克，她就是后来的"斯塔尔夫人"。她少女时代即熟读百科全书派的作品，以才情著称，曾因为过度看书而损害了健康。父亲被解雇后，举家搬到库帕特，她获得了一个安静的学习机会。

　　她的初恋因为宗教信仰而受到家庭反对。20 岁时在母亲的安排下，她嫁给了 40 岁出头的瑞典驻巴黎的大使霍尔斯坦·斯塔尔男爵，成为斯塔尔夫人。这场婚姻算不上美满，但也不错，男爵有良好的社会地位和稳定的收入。斯塔尔夫人利用家庭的社会威望，成为巴黎最有影响的沙龙女主人。1789 年法国革命爆发时，斯塔尔夫人热情欢呼革命，但不久态度冷淡。雅各宾党当政时，她逃至她父亲的故乡日内瓦。拿破仑执政

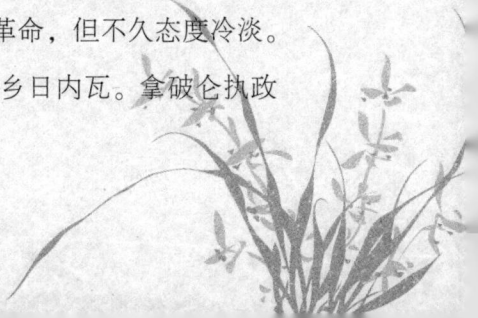

时，不许她留居巴黎，她前往欧洲各国游历。1793 年她数次访问英国。1803 年她到德国访问，陪伴她的是著名的浪漫主义先驱奥·威·施莱格尔。随后，她又游历了维也纳和意大利，并开始撰写重要的小说《柯丽娜》，此书于 1807 年出版，这是第一部非德语国家出版的浪漫主义小说。

晚年，她同一名叫洛卡的男子秘密结婚，尽管他们的亲密关系尽人皆知，不过这场秘密婚姻却是在她死后才得到公布。1817 年冬春之交，她回到巴黎，重新建立文学沙龙，接待文坛名流。同年 7 月 14 日，她在巴黎逝世。

简·奥斯汀

1775 年 12 月 16 日，奥斯汀出生于英国汉普郡的史蒂文顿教区，父亲是当地牧师。奥斯汀虽然没上过正规学校，但父亲学问渊博，家中藏书丰富，这使她获得了良好的家庭教育；父亲经常举办喜剧演出，影响了她后来的创作风格。

早在 1787 年，奥斯汀就开始写一些诗歌、戏剧，晚上大家围坐在壁炉旁听她朗读她的创作。她曾把理查逊的小说改编成戏剧，同时下决心要发展自己的风格。1795 年她写出书信体小说《苏珊女士》，这是她第一部成型的小说。1796 年，她曾与后来成为爱尔兰最高法官的汤姆·勒佛伊有过短暂的罗曼史，据传他就是《傲慢与偏见》中达西先生的原型；但有情人未成眷属，奥斯汀终生未嫁。1805 年父亲去世后，奥斯汀母女曾在南汉普郡跟哥哥亨利住在一起。1809 年哥哥爱德华为

她们在乔登提供了居所，在那里她得以专心写作。此后几年，她出版了 4 本小说：《理智与情感》（1811）、《傲慢与偏见》（1813）、《曼斯菲尔德庄园》（1814）和《爱玛》（1815）。随着小说的成功，奥斯汀成为英国文学史上唯一一位堪与莎士比亚媲美的伟大女作家，而她的经济状况也明显好转。

1817 年 7 月 18 日，奥斯汀因结核病逝世，被安葬在温彻斯特大教堂。

索杰纳·特鲁斯

　　特鲁斯原名伊莎贝拉·鲍姆弗里，大约于 1797 年出生在纽约附近的一个农庄里。她是个奴隶，主人是荷兰军官。

　　特鲁斯作为奴隶的生活经历异常悲惨，4 次被倒卖，经常遭受奴隶主的毒打和强暴。大约在 17 岁的时候，特鲁斯爱上了附近庄园一个名叫罗伯特的黑人奴隶，可是奴隶不能自由恋爱。罗伯特遭到毒打后，特鲁斯再也没有见到他。后来，特鲁斯被迫同另一个奴隶结婚，生了 5 个孩子。

　　1799 年，纽约州立法废除奴隶制。主人答应释放特鲁斯，但后来反悔。特鲁斯一怒之下抱着最小的女儿索菲亚逃离了庄园，她怀着无限的痛苦离开了另外几个孩子。一对好心的贵格教信徒凡·威根夫妇收留了这对无家可归的母女。后来，他们又帮特鲁斯赎回了自由。特鲁斯还通过法律诉讼为她的一个儿

子争取到了自由。1829年特鲁斯和儿子皮特迁居到纽约，因为被冤枉参与了一次谋财害命，她被迫流亡；儿子去做了水手，下落不明。

1843年，特鲁斯改名换姓，到处宣传废奴运动。她加入了由女权主义者、宗教宽容者、和平主义者组成的麻省北浦顿教育及工业联合会，结识了很多当时有影响的人物。1851年她在俄亥俄州举行的妇女权利大会上发表了最著名的演说之一：《难道我不是女人?》。此后10年，她四处奔走演说，成千上万的人成为她的听众。

1857年她迁居到密歇根州，和女儿住在一起。内战期间，她支持林肯政府，为黑人军团募集给养。1864年内战结束后，美国总统林肯在白宫接见了她。1883年11月26日，她在密歇根的家中逝世。后来她的经历被写成一本书私下出版，题为《索杰纳·特鲁斯的自白：一个北方的奴隶》。

比切·斯陀夫人

1811 年 6 月 14 日，斯陀夫人出生在康涅狄格州的一个著名牧师家庭。早年因父亲关系颇受加尔文教派影响；后来受叔父影响接受了自由主义信仰。1832 年，她随家迁往辛辛那提市，在一座女子学校教书，写过一些关于新英格兰生活的随笔。1836 年，她与父亲所在神学院的卡尔文·斯陀教授结婚。

斯陀夫人居住的辛辛那提只隔一河的肯塔基州是一个蓄奴州，她曾亲访肯塔基州，目睹过那里奴隶的悲惨生活。1850 年，她随丈夫迁至缅因州，在缅因州强烈反奴隶制情绪的影响下，她写出了《汤姆叔叔的小屋》。小说一经发表，引起强烈反响，斯陀夫人也遭到了南方奴隶主的攻击。1853 年她发表《〈汤姆叔叔的小屋〉题解》，通过引用大量法律、法院档案、报纸和私人信件等材料证明她的小说所揭露的事实。

　　《汤姆叔叔的小屋》使斯陀夫人一举成名，她曾3次访问欧洲。在英国，她受到维多利亚女王和王子的接见，还会见了著名作家乔治·埃利奥特、狄更斯、金斯莱、拉斯金和麦考利等。在爱丁堡，人们捐赠一千枚金镑硬币，请斯陀夫人带回美国献给北美的废奴运动。除了写作，斯陀夫人也用实际行动帮助奴隶，她是当时"地下铁路"的重要参与者。

　　晚年，她居住在哈特福特的乡下诺克农庄，在那里度过了23个春秋。1896年6月1日，她在家中逝世。

燕妮·马克思

　　1814 年 2 月 12 日，燕妮出生于德国的一个贵族家庭，原名为燕妮·冯·威斯特法伦。她的父亲是商人，后来成为普鲁士政府枢密顾问官，负责特利尔事务。贵族出身和良好的教育，使她在特利尔备受注目，甚至被选为"特利尔舞会皇后"。

　　燕妮和马克思从小青梅竹马长大。但由于门第的悬殊，而且燕妮年长马克思 4 岁，他们的恋情持续了 7 年，直到 1843 年才结成伴侣。婚后燕妮放弃了贵族生活，随马克思辗转流亡到巴黎和伦敦。他们生活困难得达到难以想象的地步，6 个孩子只有 3 个活了下来。即便如此，燕妮还是深深地爱着马克思。她除了尽母亲和主妇的责任外，还协助马克思整理他的手稿，并亲身参加社会活动，在伦敦生活期间她也不断地通过德文报纸发表政治文章和论文。

由于贫困，她不得不经常把家里的东西抵押出去。1867年马克思的重要著作《资本论》出版以后，他们的生活状况才有所改善。过度的贫困和劳累使得燕妮的健康逐渐恶化，1867年她被诊断患上癌症，1881年12月2日，她在伦敦去世。

乔治·艾略特

1819 年 11 月 22 日，艾略特出生在华威郡一个中产阶级商人家庭，原名玛丽·安·伊万斯。她早年受到良好的古典学教育，对古希腊文化非常精通，这为她后来的创作奠定了基础。由于曾在宗教气息浓厚的学校就读，她受宗教影响颇深，但她极富怀疑精神。

1841 年她同父亲移居到文化氛围非常浓厚的考文垂。在那里，她结识了自由思想家查尔斯·布雷，进入了当地的文化圈，这使她摆脱了小地方的狭隘视野。她经常往来的文化界名人有斯宾塞、穆勒等，他们大多对宗教抱怀疑态度，艾略特也很快抛弃了教条主义。她对信仰的怀疑让父亲非常恼火，甚至威胁要将她赶出家门。1849 年父亲逝世后，她曾在日内瓦暂居。第二年她返回英国，因翻译工作而开始文学生涯。为了在

男性世界立足，她给自己取了一个男性化的笔名：乔治·艾略特。

早在 1851 年，艾略特就同评论家乔治·亨利·刘易斯相识。1854 年两人同居，虽然他们的关系遭到了家人和朋友的反对，但他们挚爱弥坚。在刘易斯的鼓励下，年近 40 岁艾略特才开始写作。1859 年，她的第一部长篇小说《亚当·比德》发表，大获成功，一年内再版了 8 次。此后她又陆续发表了《织工马南传》、《弗洛斯河上的磨坊》等小说，奠定了她在英国文坛的地位。

1880 年 12 月 22 日，乔治·艾略特病逝。

维多利亚女王

1819 年 5 月 24 日，维多利亚生于伦敦。她是英国爱德华王子和德国维多利亚公主的唯一爱女。在她 9 个月时，父王去世；受几个叔父的排挤，母亲被迫离开宫廷。她在皇宫度过了冷清寂寞的童年。当她的叔父们先后归天而又后继无人时，她于 1837 年继位，成为英国女王，直到 1901 年辞世，她统治英国长达 64 年，开创了英国历史上的黄金时代——维多利亚时代。

维多利亚时期，是英国对外领土扩张最辉煌的时期。英国在全世界范围内建立了庞大的殖民地体系，被称为"日不落帝国"——维多利亚成为英国历史上第一个以"大不列颠和爱尔兰联合王国女王和印度女皇"名号称呼的英国君主。此期，英国的经济、文化和科学也不断地发展强大。女王登基时，英国

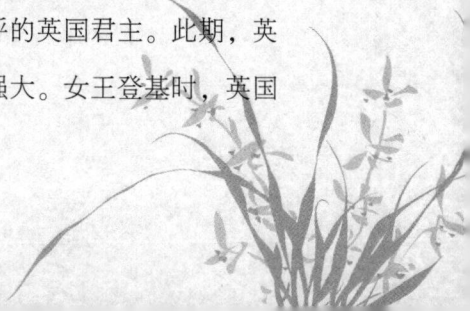

只有几条铁路；她去世时，英国已经拥有一个连接各大城市的发达铁路网。维多利亚时代的英国人逐渐享受到科技进步带来的生活便利。女王去世之前的 10 年，英国已经实行对所有小孩进行免费教育。

女王不仅是治国之才，还是爱妻良母。1840 年维多利亚同表哥阿尔伯特亲王结婚，两人伉俪情深。她忠于自己的丈夫，对子女要求严格，成为一代楷模。阿尔伯特亲王 42 岁英年早逝，维多利亚女王顿觉失去了一切，悲痛之余黑色成为女王余生着装的主色调。她是一个悲伤的寡妇，但同时也是大权在握的君王，这双重身份彼此毫不影响。

1901 年 1 月，维多利亚女王在怀特岛——她和丈夫生前最喜爱的地方去世，在生命的最后一程她仍在思念。

哈莉特·塔布曼

　　1820 年，塔布曼出生于马里兰州一个黑人奴隶家庭。她 6 岁起就经常被奴隶主出租给其他人，受到许多非人的待遇，有一次甚至被人用一个两磅的秤砣重重地打在头上，造成了她终生周期性的癫痫发作后遗症。

　　1844 年，她和自由人约翰·塔布曼结婚。1849 年她的主人死亡，她害怕被卖掉，决定逃亡。她的丈夫不愿意离开，而 3 个兄弟又缺乏逃跑的勇气。她只身逃到北方，改用母亲的名字——哈莉特。她逃亡后不久即加入到帮助奴隶逃亡的"地下铁路"，成为最活跃的向导，她化名为"摩西"，冒着南方重金悬赏缉捕的危险，潜回马里兰州带领奴隶逃亡。10 年中她从未丢掉一名"乘客"，帮助 300 名奴隶获得自由。

　　1860 年，她开始频繁地前往各地发表演说，不仅呼吁废

除奴隶制，而且要求重新确定妇女的权利。美国南北战争期间，她为北方军队担任护士和厨师，并不时潜到南方作为侦探，还带领几百名南方奴隶加入北方的军队。1863年，她策划了一场对南卡罗莱纳州南方军的袭击，几百名奴隶因此逃出。但战后她未能获得政府的养老金，经济状况非常拮据。1865年她因为拒绝离开专供白人乘坐的车厢，被打成重伤。1868年莎拉·布拉德福为她写了一本传记《哈莉特·塔布曼的生活特写》，她的经济状况才略有好转。

战争过后30年，她才从美国陆军获得了一笔数额很小的养老金。她将养老金的大部分用于建造一座养老院，为奥本地区的老人和穷人提供了栖身之地。1913年3月10日，塔布曼逝世，她受到军队葬礼的待遇，人们在奥本为她建造了一座纪念碑。

佛罗伦萨·南丁格尔

1820 年 5 月 12 日，南丁格尔出生在父母旅游途中——意大利佛罗伦萨，于是父母就用这座历史悠久的城市的名字为她命名。她的父亲毕业于剑桥大学，博学多才；母亲出身于英国望族，家道富裕。她自幼便受到良好的家庭教育。

小南丁格尔的童年，是在天堂般的环境中度过的。但她自童年起就对护理工作深感兴趣，乡间度假时，她常常跑去看护生病的村民。1853 年她到巴黎"慈善事业修女会"参观考察护理组织和设施，归国后开始担任伦敦患病妇女护理会监督。在克里米亚战争中，她主动率领一支护理队赶赴战场，以人道、慈善之心为交战双方的伤员服务。一次，她在夜幕降临时提着一盏小油灯，走过 4 英里远的营区查看伤病员，士兵们深受感动，亲切地称她为"提灯女士"、"克里米亚的天使"。战

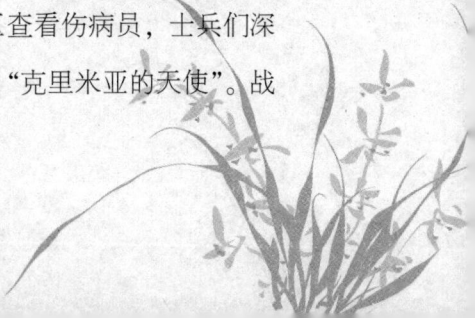

争结束后，她被当做民族英雄。

在她的努力下，1857 年英国皇家陆军卫生委员会和军医学校成立。1860 年她在英国圣托马斯医院建立了世界上第一所正规护士学校，从而成功地把护理工作从"污水般"的社会底层提升到了受人尊敬的地位。晚年因操劳过度，她双目失明。1907 年爱德华七世授予她功绩勋章，她成为英国历史上第一个接受这一最高荣誉的妇女。

她无意于婚姻且终身未嫁，这成为母亲对她的遗憾和不满。1910 年 8 月 13 日，她在睡眠中溘然长逝，享年 90 岁。遵照她的遗嘱，未举行国葬。

苏珊·B·安东尼

1820 年 2 月 15 日，苏珊出生在马萨诸塞州亚当斯市。她的父母是贵格会成员，她也是。贵格会是第一个允许妇女与男人一起分享领导权力的宗教组织。但她从小到大，却经常遭遇因性别不同而带来的歧视。她从教 10 年，表现出色，却不得不奋力争取同男教师一样的待遇。

她强烈地意识到妇女需要个人的独立才能赢得生命的尊严，而经济上的独立最重要。1851 年，她与伊利莎白·斯坦顿成为维护女权运动的政治伙伴。在她们的奔波努力下，1860 年纽约最终批准了允许已婚妇女能够拥有自己的财产和有权支配工作所得的法律。这一运动波及到其他一些州。

1872 年在美国总统大选期间，她带领一群纽约州罗彻斯特的妇女参加投票，因为当时妇女投票是非法的，她被逮捕并

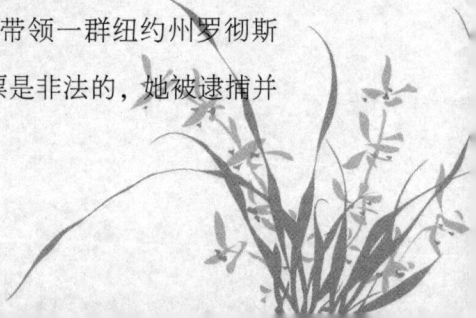

遭到起诉。但她没有被压倒，并前往纽约北部的大部分地区进行演讲，说明剥夺妇女的选举权是不合理的。她最终被判有罪并加以罚款，但她拒付罚金，事后也没有人向她索款。她在法庭上的演讲词成为美国女权运动的重要文献。1904年，她最后一次对美国国会参议院发表演讲，参议院讨论了她给予妇女投票权宪法修正案的建议。她知道胜利就要到来了，但她也知道自己已经看不到这种胜利的到来。

　　1906年3月13日苏珊去世，美国人民一直怀念这位民主斗士。

伊丽莎白·布莱克威尔

1821 年 2 月 3 日，伊丽莎白出生在英国的一个富裕家庭。她的父亲是糖果商人，虽然子女众多，但他思想开明，为子女提供了良好的教育。

1832 年伊丽莎白一家移民美国。几个月后父亲病逝，他们的经济状况变得恶化起来。伊丽莎白只好在肯塔基做一些教学工作，以挣钱供自己去医学院念书。她从医的信念非常执著，为了尽可能创造条件，她住进一个医生家里，给他们做家务，以便能够阅读他们家的医学书籍。

1845 年她来到北卡罗莱纳州，投师于名医约翰·狄金森博士兄弟。后来，她进入纽约日内瓦学院学习。因为她是女性，在日内瓦学院受到了很多教师和同学的歧视，她反而更加勤奋用功。1849 年她成为美国第一个获得医学学位的女性。但美

国没有医院敢聘任她，她只得去法国谋求深造。在法国，她不幸感染了眼疾，最终摘除了一个眼球。1857年她回到美国，在纽约开办了一家私人诊所——"纽约贫困妇儿诊所"，专门接待贫穷的妇女和儿童，她把自己的医学知识教给了她诊所里的女护士们。1868年，她建立了一个妇女医学院，专门培养女性医学人才，包括医师和医生。

　　1869年她回到英国，同南丁格尔一起开办了一家女子医学院——"伦敦女子医学院"，她亲自在学院任教。同时，她也成为英国第一个注册的女性医生。1907年，86岁高龄的她从医学院退休。1910年5月31日，她在英国去世，被安葬在苏格兰。

玛丽·哈里丝·琼斯

　　1830 年 5 月 1 日，琼斯出生于爱尔兰黄柏镇。因为她嫁给了乔治·琼斯，后人尊称她为琼斯夫人。1835 年，她的祖父曾参与英国和爱尔兰的主权争夺运动，后来全家移民到加拿大多伦多。

　　琼斯夫人在加拿大完成学业后到美国生活，在那里与钢铁劳工协会成员乔治·琼斯结为伉俪。然而，两件灾难成为她人生的转折点：1867 年田纳西州爆发黄热病，她的丈夫与 4 个孩子全染病身亡；1871 年在芝加哥大火中，她全部财产付之一炬。此后，她全力投入到劳工运动中，参与开创了美国矿工协会和美国社会党；她组织工人的妻小们上街游行，争取权益，被弗吉尼亚的一位参议员称为"美国最危险的女人"。1903 年，她组织了著名的"童工圣战"运动。在游行中，人

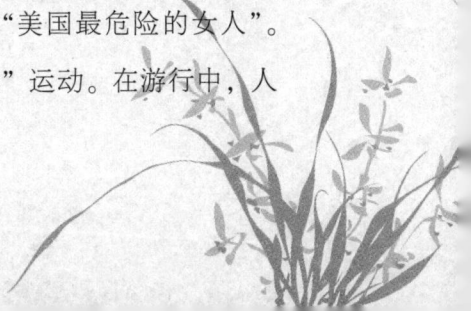

人举着"我们想要自由地玩"和"我们想上学"的横布条以表示他们的决心，这开启了美国社会对于童工保护的关注。

琼斯夫人在斗争生涯中多次被捕。1913年，83岁高龄的她在西弗吉尼亚的一次游行中被捕，被释放数月之后，她再次在组织矿工罢工中被捕，出狱后她领导了著名的"勒得罗大屠杀"的罢工运动。她曾和洛克菲勒进行了一次面谈，迫使后者为改善矿工生活进行了许多改革。琼斯夫人90多岁依然担任工会领导职务，95岁时正式退休后完成《琼斯夫人自传》。

1930年11月30日，百岁高龄的琼斯夫人去世，被安葬在矿工墓园里，同那些在工人运动中牺牲的"孩子们"葬在一起。

茜 茜 公 主

　　茜茜公主就是历史上的凯瑟琳·伊丽莎白，她是 19 世纪后半期欧洲历史上公认的最美的女人。1837 年 12 月 25 日，她出生在巴伐利亚的一个贵族家庭。父亲约瑟夫公爵具有平民意识，不爱贵族政治，被人们称为"奢华的无产者"。母亲鲁多维卡意识到丈夫指望不上时，便把孩子们视为唯一财富，希望通过他们的婚姻解决一切问题。

　　1854 年 4 月 24 日，茜茜公主嫁给了奥地利皇帝弗兰茨·约瑟夫，在人们所熟知的影片《茜茜公主》里，这次婚姻代表着幸福的开始。然而，历史上茜茜公主与弗兰茨皇帝的真实爱情，并非影片中描述得那么完美。茜茜从小在巴伐利亚秀美的湖光山色中自由自在地长大，弗兰茨却受过严格的宫廷教育，这两种不同的气质最初可以相互吸引，渐渐地却显得格格不

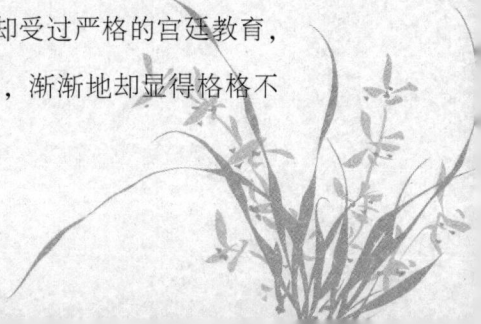

人。繁琐的社交礼仪和皇家规范压得她喘不过气，可怕的孤独紧紧地包围着她，她甚至连自己孩子的抚养监护权也被剥夺了。但弗兰茨皇帝对她的情绪却一无所知，他们始终没有真正走近彼此的心里。

身为奥地利皇后，她与维也纳的贵族不同，她发自内心地热爱匈牙利。1866年，她成为匈牙利和奥地利这两个彼此敌视而又都对她另眼相看的国家的调停人。1867年奥匈帝国建立，匈牙利宰相安德拉希伯爵将一顶王冠戴在了她的头上，从此她成为匈牙利女王。在维也纳，她经常受到抨击；而在布达佩斯，她受到的是崇拜。

晚年的茜茜心灰意冷，带着几个随从周游列国，足迹遍及亚洲及非洲大陆。1898年9月10日，她在日内瓦被意大利无政府主义者刺杀，被安葬于维也纳的皇家陵墓中，与她丈夫、儿子的棺木安放在一起。

贝尔塔·冯·苏特纳

111

　　1843 年 6 月 4 日，苏特纳出生在奥地利的布拉格，她的全名叫伯萨·索菲娅·冯·苏特纳。她的父亲是一位穷困的奥地利陆军元帅，后来她曾在富有的苏特纳家族做家庭教师。她得到了这个家族中的男爵亚瑟·苏特纳的赏识，两个人很快坠入爱河之中，但她和男爵的关系遭到元帅家的强烈反对。

　　1876 年，苏特纳应聘成为诺贝尔在巴黎住宅的女管家，但她只在巴黎停留了一周，就返回维也纳跟亚瑟秘密举行了婚礼。婚后，她受丈夫影响，开始进行文学创作。1889 年她发表了小说《放下武器》，引起轰动。书中强烈的反战意识使苏特纳成为维护和平的勇士，此后她成为奥地利和平运动的象征。该书一版再版，还多次被拍成电影，翻译成多种语言。1891 年她创立了奥地利和平主义组织。国际和平主义期刊

《放下武器》是用她的书名命名的，1892-1899 年她担任此杂志的编务工作。

她的和平主义思想受到英国历史学家亨利·托马斯·巴克尔、社会学家赫尔伯特·斯宾塞以及自然科学家查尔斯·达尔文等作品的影响。苏特纳出任过世界和平理事会副主席、名誉主席。1905 年她成为第一个获得诺贝尔和平奖的女性。1914 年 6 月 21 日，苏特纳在维也纳逝世。

莎拉·伯恩哈特

　　1844 年 10 月 22 日，伯恩哈特生于法国巴黎。她是私生女，14 岁时，她母亲的一个情人、拿破仑三世的同母异父兄弟，通过特权将她送入法兰西喜剧院接受演员培训，她的演艺之路从此开始。在她那个年代，每个到巴黎的人有两样东西是必看的：一个是艾菲尔铁塔，另一个就是她。

　　但她的演艺之路走得并不平坦。18 岁时，她首次得到主角，但不久因与同事发生矛盾而被解雇。此后几年，她只能在小剧院里找到不重要的角色。后来她在比利时邂逅了一位亲王，1864 年回到巴黎后她生下了亲王的私生子。

　　1868 年，她在巴黎出演大仲马剧本《金恩》中的一个角色，首次获得成功。普法战争时期，她加入了护理伤员的队伍；战后她重返法兰西喜剧院，成为当时最著名的女演员。她

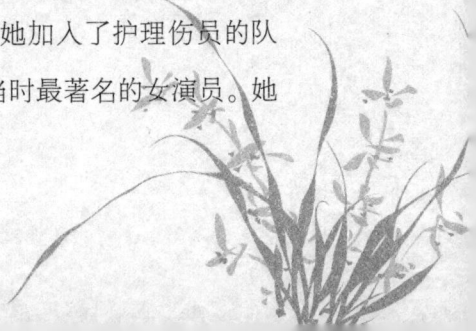

出色的演技，使她扬名于整个欧洲和美国。她既能够表演经典法国喜剧中的大悲剧的角色，也能扮演现代的社会角色，甚至扮演《哈姆雷特》中的男主角哈姆雷特也很成功。她最中心的角色是根据小仲马的《茶花女》改编的女主角玛格丽特，从1880年开始一直演到她高龄。1899年，她买下民族剧院，改建成"莎拉·伯恩哈特"剧院，直到今天这座剧院依然以她命名。

　　作为爱国者，在一战中她拒绝赴德国演出。她在前线的帐篷里、粮仓里、战线医院的临时舞台上访问士兵、登台表演。1906年她成为巴黎音乐学院的教授，1914年她获得法国荣誉军团勋章。1923年3月26日，她在巴黎逝世，被安葬在巴黎东部的拉雪兹神甫公墓里。

克莱拉·蔡特金

1857 年 7 月 5 日，蔡特金生于萨克森的一个教师家庭。她自幼喜欢读书，尤其是爱读父亲珍藏的两本叙述瑞士和法国革命的禁书。在童年时代，她已经懂得"一个人必须准备为自己的信仰牺牲生命"。

她在莱比锡私立师范学校读书时，结识了她的伴侣——俄国革命家奥西勃·蔡特金。在奥西勃的指导下，蔡特金开始阅读《共产党宣言》和马克思、恩格斯的其他著作。奥西勃还经常带她参加社会民主党的集会，同工人们一起热情地讨论问题。当时的卑斯麦政府血腥镇压社会主义运动，她的活动引起老师和亲友们的强烈反对，但是她的政治信仰战胜了一切，她含着眼泪激动地对老师说："我不能放弃我的信仰。"她被迫流亡国外，在巴黎流亡期间她为共产国际的建立发挥了重要的

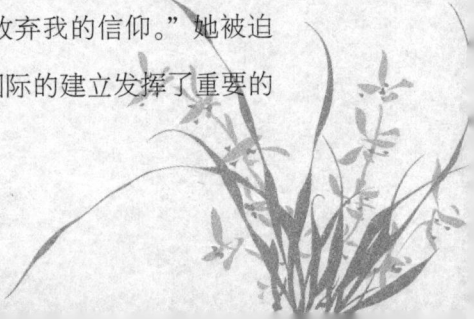

作用。1897 年，她加入了德国社会民主党，与女革命家卢森堡并肩战斗。

她关注妇女的政治权益。她创办了指导欧洲妇女运动的《平等报》，并成功地使其成为社会主义妇女运动的传播者和最锋利的武器。1907 年，第一届国际妇女代表大会成立了国际民主妇女联合会，蔡特金被选举为书记处书记。1910 年，她主持了第二次国际妇女代表大会，为纪念 1909 年 3 月 8 日美国芝加哥纺织女工要求"男女平等"的示威游行，大会建议将 3 月 8 日定为国际劳动妇女节，"克莱拉·蔡特金"的名字从此同"三八"国际劳动妇女节和无产阶级妇女解放运动紧紧联系在一起。

她为无产阶级事业和全世界妇女的解放而奋斗了一生。1933 年 6 月 20 日，她在莫斯科病逝。

卡丽·查普曼·卡特

1859 年 1 月 9 日，卡丽出生在威斯康星州的小城里邦，后移居爱荷华州。卡丽从爱荷华州立学院毕业后，做过教师、校长，后来又荣升梅森城学校的督学。

早在 19 世纪 80 年代后期，卡丽就已经涉足爱荷华州的妇女参政运动。第二次结婚后，优越的家庭条件使得她有更多的时间投入到维护妇女参政权的运动中去。在争取妇女参政权的运动中，她成为著名女权主义者苏珊·安东尼的亲密战友，并被安东尼选为接班人，领导"全美妇女参政协会"。此后 20 年，卡丽成了美国妇女参政运动当之无愧的领袖人物。自 1880 年末从爱荷华州投身妇女参政运动开始，到 1920 年在田纳西州领导的最后一次运动为止，卡丽组织了数百场运动，发动了难以计数的人士加入到自愿者的行列中来。直到美国宪法

第十九条修正案通过，保证了妇女享有选举权，她才宣布辞去"全美妇女参政权协会"主席的职务。辞职后的卡丽并没有从妇女运动中抽身而退，1920年她创办了"妇女参政同盟"。1923年，她还出版了重要的著作《妇女选举权与政治：妇女参政运动的内幕》，产生了广泛的影响。

1947年5月9日，88岁高龄的卡丽在纽约逝世。

劳拉·简·亚当斯

　　1860 年 9 月 6 日，亚当斯出生在伊利诺斯州坎达卫尔市的一个富裕之家。她的父亲是银行家，又担任州议员的职位。宽和良好的家教，让她从小就懂得善待和尊重别人。父母鼓励孩子们读书，亚当斯曾在美国和欧洲求学，她在伦敦曾经读到过一篇关于平民窟生活状况的文章，那些悲惨的生活情景对她震撼很大。

　　1889 年，亚当斯和朋友在芝加哥兴办了一个穷人安置所，就是著名的"赫尔宫协会"，它是北美洲最早的社会改良主义团体之一，也是美国第一个穷人安置所。在鼎盛时期，这里每周接待 2 000 多名穷人。"赫尔宫协会"的设施齐备，其中的夜校尤为著名，它开创了美国继续教育的先河。

　　亚当斯本人是芝加哥社会学派的早期成员之一，她的实践

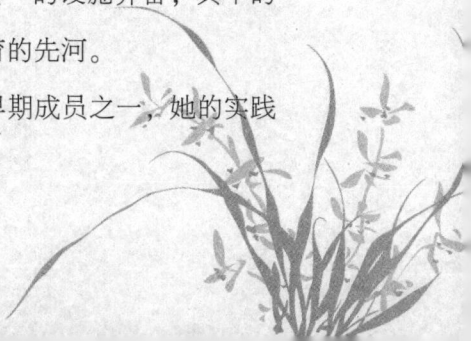

对于应用社会学的创立有重要的影响，1893 年她参与出版了
《赫尔宫图志和研究》。她还跟著名的社会学家米德一道致力于
改善妇女的权益、结束童工、协调工人罢工等社会活动。一战
前，她参与组建了"妇女和平党"和"国际女性大会"，进行
反战活动。1919 年"妇女和平党"改名为"国际妇女和平自
由协会"，她当选为第一届主席直到去世。

　　1931 年，她因争取妇女、黑人移居的权利而获诺贝尔和平
奖，成为美国历史上第一个获诺贝尔奖的女性。1935 年 5 月
21 日，她在家乡逝世，享年 75 岁。

玛丽·居里

121

1867 年 11 月 7 日，玛丽出生在波兰华沙市的一个正直爱国的知识分子家庭。父亲是华沙一所中学的数学和物理教师。玛丽从小就勤奋好学，16 岁时以金奖毕业于中学，因为当时沙皇俄国统治下的华沙不允许女子上大学，她只身到华沙西北的偏僻乡村做了 5 年的家庭教师。期间，她以微薄的薪水资助了在巴黎求学的二姐。

1891 年，她在父亲和姐姐的帮助下，前往巴黎大学求学。在学校附近一间没有火、没有灯、没有水，只靠屋顶小天窗获取光亮的阁楼里，她苦学 3 年。她先后以第一名、第二名的成绩毕业于物理系和数学系，获得物理学和数学两个硕士学位。在巴黎，科学之缘将她和彼埃尔·居里吸引到一起。1897 年居里夫妇经过反复实验，共同创造了一个震惊世界的科学成

果——他们发现了两种新的化学元素："钋"和"镭"，这使得他们成为 1903 年诺贝尔物理学奖的得主。但她和丈夫拒绝为他们的任何发现申请专利，为的是让每个人都能自由地利用他们的发现。1906 年居里先生因车祸不幸去世，居里夫人承受着巨大的痛苦，决心完成两个人共同的科学志愿。1910 年居里夫人完成了《放射性专论》一书，并成功地提取了金属镭。第二年，居里夫人又获得诺贝尔化学奖。

她还是巴黎大学第一位女教授、法国科学院第一位女院士，同时还被聘为其他 15 个国家的科学院院士。在她的一生中，共接受过 7 个国家 24 次奖金和奖章，担任 25 个国家的 104 个荣誉职位。但她从不追求名利，一生持守着谦虚谨慎、安贫乐道的品性。因为长期在艰苦的条件下进行放射性元素研究，她的健康受到极大损害，晚年身患多病。1934 年 7 月 4 日，因白血病逝世。

艾丽斯·汉密尔顿

123

　　1869 年 2 月 27 日，艾丽斯生于印第安纳州一个中产阶级家庭。她幼年时便有一个理想，将来要做一个"在哪里都有用"的医生。

　　1893 年，艾丽斯得到密执安大学的医学学位后，先后在明尼阿波利斯的妇女医院和波士顿郊外的新英格兰妇幼医院工作。1897 年是她命运的转折点，她加入到简·亚当斯创立的慈善组织"赫尔宫协会"，她在那里待了 22 年，把自己的青春和母爱都奉献给了那里的劳工和穷人。与劳工们的接触，使她开始关注他们的各种职业病，对钢铁工的一氧化碳中毒、油漆工的铅中毒和牲畜场工人易患风湿病、肺炎等种种危险状况，她一方面进行医学研究，同时又为这些职业病赔偿的立法积极奔走。1902 年，一场流行感染病让她发现了"伤寒菌"，舆论的

压力导致政府对底层贫民饮水问题加以重视。

经过多年的艰苦工作，她的呼吁开始得到政府和社会的关注。她曾在布鲁塞尔举行的关于职业事故和职业病的国际大会上，作了关于美国的白铅工业的报告。回国后，她接受了美国劳工专员的邀请，为联邦政府进行一次有毒行业的调查。她的调查报告和研究成果引起了广泛的关注，一些州开始通过法律，规定为患有某些种职业病的工人提供赔偿费。1914 年一战爆发后，她又对制造烈性炸药的危险性工业进行了调查，对保护军火工人起到了积极作用。

1919 年她作为工业医学教授被哈佛大学医学院邀请参加教学工作，直到 1935 年退休。她在康涅狄格州的哈德雷米度过了生命中最后时光。1970 年 9 月 22 日，艾丽斯辞世。

爱玛·戈尔德曼

　　1869 年 6 月 27 日，戈尔德曼出生在立陶宛康纳斯省。她的童年是在粗暴好怒的父亲的打骂中度过的。她有过短暂的上学经历，在校期间她敏而好学，成绩优秀，却常常受到体罚甚至性骚扰。在移居圣彼得堡之后，父亲生意惨淡，她的上学机会也随之结束。但她勤奋刻苦，自学不辍，对政治尤其感兴趣，她最喜欢读车尔尼雪夫斯基的《怎么办?》。

　　1885 年她与妹妹海莲娜一起来到美国纽约的罗切斯特，并于 1887 年结婚。这次草率的婚姻没有维持多久，离婚后她搬到了纽约城。在"干草场暴乱"之后，她被无政府主义吸引，很快成了一位街头演说家，她的演说吸引了成千上万的听众。随之，她同作家、无政府主义者亚历山大·贝克曼建立了恋爱关系，后者成为她一生的亲密伴侣和革命同志。他们曾密谋过

一次暗杀活动，失败后贝克曼被判刑 21 年。此后，戈尔德曼也因为煽动暴乱、传播非法信息等罪名多次入狱。1917 年她同贝克曼在一次集会中被捕，并被驱逐回俄国。

戈尔德曼起先热切称颂俄国革命，但不久她就发表声明反对苏维埃的暴政统治以及对于自由言论的钳制政策。1923 年她发表了著作《我的理想在俄国破灭》。此后，她先后移居英国、加拿大和法国，写了一部书，名为《我的生活》。二战爆发之后，她积极从事反对法西斯的宣传活动。

1940 年 5 月 14 日，这位浪迹天涯、终生反抗的女战士客死加拿大多伦多。后来她的灵柩运回美国，被安葬在芝加哥的"温德汉墓园"。

罗莎·卢森堡

　　1870 年 3 月 5 日，卢森堡出生于波兰一个富有的木材商家庭。她的父母醉心于文化生活，家里充满了崇拜席勒的氛围，这培养了卢森堡的独立精神。

　　1887 年卢森堡成为"第二无产阶级党"一个下属小组成员，次年该党遭到破坏，她流落外地，曾借居在德国社会民主党人卡尔·柳别克家，这对她成为马克思主义者起了很大作用。1890 年她考入苏黎世大学，虽然她对动植物学有着特殊的兴趣，但多灾多难的人类社会使她转到社会科学领域，研究国民经济学。这期间她结识了许多著名的人物，其中就有普列汉诺夫。

　　1898 年她迁居柏林，积极参加社会民主党的竞选活动，多次在集会上发表演说，表现了杰出才能，成为其领袖人物。波

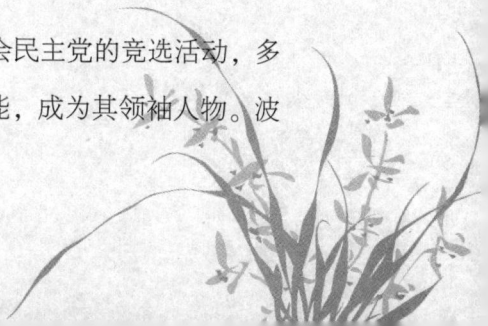

兰革命期间，她亲自回到华沙参加斗争；被捕获释后，她又在彼得堡会见了列宁，交换关于革命战略和策略方面的意见。一战前，她与李卜克内西一起全力发动群众阻止世界大战爆发。她在哪里演讲，群众就潮涌到哪里。反动派称她为"嗜血的罗莎"，工人称她为"勇敢的女英雄"。此间，她曾多次被捕入狱。

1918 年卢森堡和李卜克内西建立了德国共产党。1919 年 1月，他们组织了大规模示威游行；15 日，他们被资产阶级"自卫民团"逮捕，同日遇害，遗体被投入运河，5 个月后才浮出水面，她被安葬在柏林弗里德里希墓地。

玛丽亚·蒙台梭利

　　1870 年 8 月 31 日，蒙台梭利生于意大利安科那省的希亚拉万莱小镇。父亲是保守严谨的军人，母亲是虔诚的天主教徒。她从小便养成自律自爱的独立个性和热忱助人的博爱胸怀。她 5 岁时举家迁居罗马。她在罗马大学读书时，不顾父亲的反对和教育制度的限制，做了一个大胆的决定——学医。

　　经过努力，她终于进入罗马大学医学院研读。1896 年她顺利毕业，成为意大利第一个医学女博士，这时她才 26 岁。由于社会对女性的歧视，她仅被聘为精神病诊所的助理医师。这份工作促使她对教育萌发了热忱，成为她献身儿童教育的起点。这期间她开始研究智障儿童的医疗与教育问题，提出"智能不足是教育上的问题，而非医学上的问题"观点。她四处演讲，将发现公布于众。两年后她被聘为启智学校的校长，这更

加强了她研究儿童教育的决心。

1901 年她辞去校长职务，回到罗马大学进修，以研究人类成长的自然法则，她发现了一个新世界——儿童的成长和心灵的奥秘。1907 年她在罗马创办了第一所"儿童之家"，她孕育多年的教学理念在这里得到了实践验证，确立了系统化和科学化的幼儿教学法。由于"儿童之家"出现了良好的教学成果，以至于当时"蒙台梭利学校"几乎遍布全球。她成为 20 世纪儿童教育最重要的改革家。

1952 年 5 月 6 日，82 岁高龄的蒙台梭利逝世。

弗洛伦斯·里纳·萨宾

  1871 年 11 月 9 日，萨宾出生在科罗拉多州的中心城。她的父亲年轻时曾想做一个医生，后来被"淘金热"吸引来到科罗拉多州的产金地，并在那里结婚。萨宾有着与她父亲年轻时相同的兴趣，那些医学书籍深深地吸引着她。

  1897 年她进入霍普金斯大学医学院，在著名解剖学家富兰克林·佩恩·莫尔博士的指导下，开始研究工作。对淋巴系统研究和血液研究是萨宾一生的主要贡献。她走上医学研究之路的第一个成果——淋巴系统研究，得到了那不勒斯协会"一个妇女写出的最好的科学论文"的评价和 1 000 美元的奖金。而为她赢得世界性声誉的是血液研究，她在"血流的诞生"、红白学球研究的新技术等课题上取得了重大成果。1917 年霍普金斯大学任命萨宾为正教授，这是该校第一次任命一位妇女做

教授。她的专业威望与日俱增，她的贡献已被全世界所公认。

1925 年是她人生又一个转折点。她结束了在霍普金斯大学 26 年的教学生涯，进入纽约洛克菲勒研究所。她集合了一个由实验室助手和技术员组成的班子，继续对血液进行研究，重点研究集中在血液与特殊疾病——肺结核的关系上。这项为全世界结核病人造福的研究为她赢得了更大的声誉。她被认为是"做出了最具特色的贡献"的美国妇女，1929 年胡佛总统在白宫接见了她。

萨宾退休回到了故乡科罗拉多州，她积极领导当地人民从事各种卫生运动，并为保健立法积极奔走。1953 年 10 月 3 日，她在家乡逝世。

亚·米·柯伦泰

133

　　1872 年 3 月 19 日，柯伦泰出生于圣彼得堡。父亲是沙皇的将军，但柯伦泰从青年时代起就反对沙皇专制。

　　1899 年她参加了俄国社会民主工党的活动；1915 年正式加入布尔什维克党。她一度侨居国外，十月革命前夕返回俄国，被选入彼得格勒苏维埃执行委员会，参加和领导了伟大的十月革命。十月革命以后，她在党和国家领导机关中担任重要职务，曾经领导俄共 (布) 中央妇女工作部，并担任过共产国际妇女书记处书记。她提倡自由恋爱、简化结婚和离婚手续，以及从各方面改善妇女地位。1920 年，她加入党内的"工人反对派"，遭到列宁的谴责；1922 年，她被斯大林外放到奥斯陆去担任外交职务。她曾先后在挪威、墨西哥和瑞典任职。1945 年她因病回国，长期担任外交部顾问。

　　1952年8月9日，柯伦泰因病在莫斯科逝世。她被埋葬于莫斯科新圣母公墓，墓碑上镌刻着："革命家、政论家、外交家亚·米·柯伦泰，1872–1952"。

格特鲁德·斯泰因

　　1874 年 2 月 3 日，斯泰因出生在美国宾夕法尼亚州匹兹堡的一个富裕家庭。父亲善于经商，家境殷实。她 3 岁时，举家迁往欧洲，先后旅居维也纳和巴黎。1878 年，他们回到美国，在加利福尼亚的奥克兰市定居。

　　父母过世后，斯泰因被托付给巴尔的摩的亲戚照料。在那里，她接触到了科欧尼姐妹家的沙龙，科欧尼姐妹是最早把法国现代艺术引入美国的人。日后，斯泰因在法国举办的沙龙就是对她们的效仿。1893 年斯泰因进入拉德克利夫学院，跟随著名心理学家威廉·詹姆斯攻读心理学；毕业后，她又进入霍普金斯大学研究人脑解剖学。学业未完她即辍学随哥哥利奥去了巴黎，以后就定居在那里。她在巴黎租下的花园街 27 号，在二战前后的 30 多年里，一直是左岸拉丁区最出名的艺术沙

龙，斯泰因成为现代文学的首席沙龙女主人。当时在巴黎的艺术家们都以能接近她为荣，毕加索、塞尚、马蒂斯等都是他们兄妹的挚友。

1907年，斯泰因在巴黎见到了艾利斯·托克拉丝，她们非同一般的友谊维持到斯泰因逝世。一战期间，她们结伴先后到英国和西班牙躲避战乱。1916年，斯泰因回到巴黎，许多新起的诗人、小说家、画家、音乐家、戏剧家出入于她在巴黎的文艺沙龙，包括很多至今令我们耳熟能详的海明威、庞德、舍伍德·安德森等等，这使她名噪一时。二战期间，她公开反对希特勒，被迫隐居到乡下避难，靠一个和纳粹有关系的历史学家的照顾，才幸免于难。战后，该历史学家受到审判，她还公开奔走，帮助他获得自由。

1946年7月27日，斯泰因在巴黎逝世。

莉泽·迈特纳

  1878 年 11 月 7 日，迈特纳出生在奥地利维也纳。她的父亲是一位犹太律师，迈特纳从小就受到了良好的教育，但由于当时的高中不接受女生，她在一所市民学校（相当于中专）毕业，后来她通过自学考试获得高中毕业证书。

  1902 年，她从报纸上看到居里夫妇发现镭的报道，开始对原子物理学产生兴趣。1906 年她获得博士学位后前往柏林，在德国著名物理学家马克斯·普朗克博士门下学习。这期间她遇到了研究放射性化学的奥托·哈恩博士，此后两人合作了 30年，在放射性领域里做了开创性工作。一战期间，他们向科学界宣布了一种新的化学元素——"镤"。

  1934 年迈特纳和哈恩合作，重做了意大利的科学家恩里科·费尔米的轰击铀元素的实验。由于纳粹占领了奥地利，犹

太血统的迈特纳不得不逃走，他们的实验在最关键的时刻被迫终止；几经辗转后她接到邀请，到瑞典斯德哥尔摩新诺贝尔物理研究所工作。在她的侄子物理学家奥托·弗里施的协助下，她才得以继续进行实验。1939年她在研究报告中，把铀原子分裂成两个较小的和不同的原子的现象描述为"核裂变"，科学词典中从此增添了一个非常重要的词汇——人类的"核"时代开始了。然而不幸的是，这一伟大的科学发现诞生于二战中，引发了原子弹竞赛。从此以后，她尽力使自己的工作不与原子弹发生联系。战后她更成为一个和平的维护者，积极活动促成国际合作以防止把原子能武器用于破坏性目的。

她的晚年是在英国与她的侄子、侄女们一起度过的。1968年10月27日，她在90岁生日前夕病逝于医院。

海伦·凯勒

1880 年 6 月 27 日，海伦出生于亚拉巴马州北部的塔斯喀姆比亚镇。17 个月的时候，一次猩红热夺去了她的视力和听力，接着她又丧失了语言能力。从此，她坠入了一个黑暗而沉寂的世界。

1887 年，改变海伦一生命运的人——家庭教师安妮·沙利文小姐来到她家里。安妮在小时候眼睛也差点失明，了解失去光明的痛苦。在安妮耐心而有技巧的教导下，小海伦学会了手语和书写，她甚至克服了常人难以想象的困难，夜以继日地刻苦努力，终于奇迹般地学会了说话。安妮为她打开了外面的世界。

海伦从小便自信地说："有朝一日，我要上大学读书！我要去哈佛大学！" 1899 年，哈佛大学接纳了这个特殊的学生，

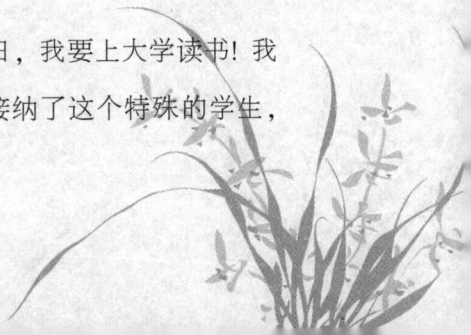

当她以优异的成绩从哈佛毕业时，已经掌握英语、法语、德语、拉丁语和希腊语 5 种文字，成为一个学识渊博的作家和教育家。两年后，她被任命为马萨诸塞州盲人委员会主席，开始了为盲人服务的社会工作。1921 年海伦领导成立了美国盲人基金会民间组织，并先后完成了《假如给我三天光明》、《我的生活》、《我的老师》等 14 部著作，都产生了世界范围的影响。

1959 年联合国发起"海伦·凯勒"世界运动，以资助世界上的盲聋儿童。1964 年她获得总统自由勋章。1968 年 6 月 1 日，她在睡梦中与世长辞。

弗吉尼亚·伍尔夫

1882 年 1 月 25 日，伍尔夫生于英国伦敦。她出身名门，但她身体孱弱，未能上学。1895 年母亲去世后，她和姐姐瓦内萨曾遭受同母异父的两位兄长的伤害，这给她留下了永久的精神创伤。

1905 年她开始以写作为业，为《泰晤士报文学增刊》撰稿。1912 年她和伦纳德·伍尔夫结婚，从此她的婚姻生活与文学事业紧密地联系在一起，在丈夫的鼓励和支持下，她开始创作小说。她的第一部小说《远航》出版后，夫妇俩创立了"霍格斯出版社"，出版的作品有伍尔夫自己的小说、艾略特的早期诗集和凯瑟琳·曼斯菲尔德的短篇小说。伍尔夫的家成了许多艺术家出入的场所，形成了一个被称为"布卢姆斯伯里团体"的艺术家圈子。这不仅对她本人后来的创作产生了影响，

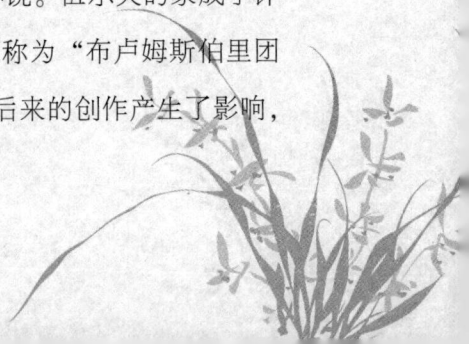

而且对两次大战之间的英国文化和思想都产生了重大影响。

　　但童年不幸的生活经历，造成了她敏感易碎的性格，她的一生都游走在优雅和疯癫之间，她的许多作品都与早年的经历有关。她的小说《达洛威夫人》中即充满了对病态幻觉的真实生动的描绘，可以说是她的精神写照。她的精神分裂症多次发作，进入 30 年代之后病情日益恶化。1941 年由于她对刚完成的小说《幕间》不满意，又因为战火已燃烧到英国，再加上她确信自己的精神分裂症即将复发，她陷入了严重的精神危机。1941 年 3 月 28 日，她在离家不远的乌斯河投水自尽。

可可·夏奈尔

1883 年 8 月 19 日，夏奈尔出生在法国罗亚尔河畔的沙穆尔镇。她是一个私生女，妈妈去世后她在孤儿院长大，后来她在修道院学到了一手扎实的缝纫技术。艰辛的童年经历，深深地影响了她对流行的看法。她的出身和所受的教育并没有丝毫暗示她能成功，身为时装大师，她甚至不会做图，也不会裁布样，她的天分是勤奋的双手、聪慧的心灵以及忘我的工作热情。

1908 年，她遇到了初恋情人艾迪安·巴尚，是他第一次把她带到了上流社会的赛马场，从此她开始关注上流社会的时尚。1910 年，她和亚瑟·贾柏相爱，他把夏奈尔引进真正的上流社会和艺术沙龙，他关心她的想法并培养了她的个性，他还是她精神上的朋友，成为她一生中最爱的男人。在贾柏的资助

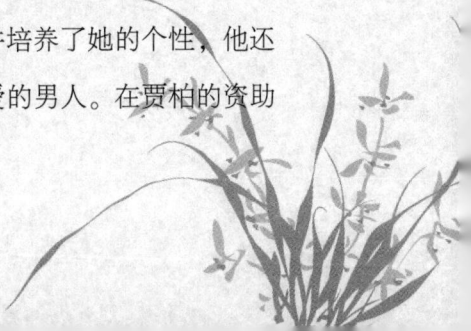

下，她在巴黎开了一家女帽店，简洁大方的设计创造了现代化的女帽风尚。《时装杂志》以完整篇幅刊载了夏奈尔的帽子，她在时装界初露锋芒。1913 年，夏奈尔到杜维尔开设了第一家时装店。她凭借天才的敏感，推出针织羊毛运动装，作为妇女户外活动的休闲装。一战给杜维尔带来更多商机，时装店扩展成为大公司。上个世纪 20 年代她已经成为时装界的"女王"。1920 年她推出"夏奈尔第五号"香水，再度名声大振。1931 年她赴好莱坞为嘉宝设计出八角形手表。

二战后，她在瑞士度过了默默无闻的 8 年。1953 年她回到巴黎，战胜了年龄和怯懦，开始了第二时期的设计生涯，晚年是她传奇生涯中最富光辉的一笔。1971 年 1 月 10 日，夏奈尔工作到很晚，凌晨时她服用安眠药。她睡了，再没有醒来，终年 88 岁。

玛格丽特·桑格

1883 年 9 月 14 日，玛格丽特出生于纽约科宁。她的母亲一生 18 次怀孕，生育 11 个孩子，玛格丽特是家里的老六。由于生活的贫困和众多子女的拖累，母亲 49 岁就撒手人寰。母亲的不幸促使玛格丽特一生执著不渝地宣传节育。

1900 年，她在姐姐的帮助下进入医院学习护理，亲眼目睹了当地母亲和婴儿高死亡率的悲惨情景。几年后，玛格丽特成为一名工会的组织者，在宣传和抗议中，她提出了节育主张。1913 年，她到巴黎研究欧洲的节育方法，回到美国后，她创办《妇女反叛者》杂志，散发《计划生育》小册子。当时法律规定，提供节育知识是有罪的；1917 年，她因设立美国第一所节制生育诊所，被判劳役 30 天。法律干涉引起公众对她工作的同情。在她的努力下，1936 年联邦上诉法院对原有法令

中有关避孕书刊及工具为秽淫物品的规定作了解释，允许医生"为了挽救生命或增进病人的福利"而开避孕药方。

1921 年她创立美国节制生育联盟并担任主席，1927 年她组织了日内瓦第一次世界人口会议。1950 年她和凯瑟琳·麦考米克携手合作，向科学界提出口服避孕药这个大胆的挑战。经过 10 年的努力，避孕药的效能和安全通过了临床试验，得以合法上市。1953 年，国际计划生育联合会成立，她担任第一任主席。1966 年 9 月 6 日，这位为世界妇女摆脱无休止生育苦海而奋斗终身的女性在亚利桑那州的图克森去世。

埃莉诺·罗斯福

　　1884 年 10 月 11 日，埃莉诺出生在美国纽约一个有名望的大家族，叔叔西奥多·罗斯福是美国总统。青年时期她曾到英国学习，回国后她遇到了远房表哥富兰克林·罗斯福。1905 年两人完婚。

　　作为一名政治家的妻子，她全力支持丈夫的一切活动，即便是他们的婚姻名存实亡后，她也一如既往。1921 年，罗斯福患脊髓炎瘫痪后，埃莉诺作为他的护理人和政治代言人，参加各种活动。1928 年，她帮助丈夫当选为纽约州州长。在这 7 年里，埃莉诺出色的政治才能使她成了纽约最有影响力的政治家之一。

　　1932 年罗斯福当选为美国第 32 任总统，埃莉诺成为"第一夫人"。她从本质上改变了第一夫人的传统形象，成为各种

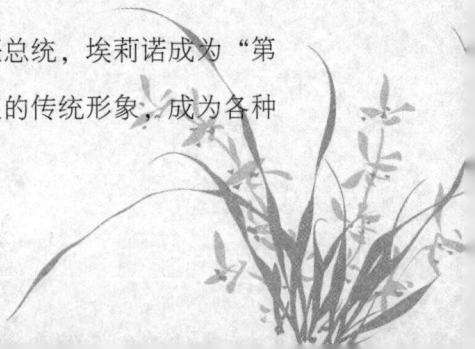

社会活动的积极倡导者、政治活动的热情参与者、丈夫事业的有力支持者和政治合作伙伴。她赋予了"第一夫人"这个词汇真正含义，使其成为美国政治体系中一个重要的组成部分。

她特别关注妇女、黑人和青年问题。她号召妇女参政，提高妇女的社会地位；她提倡人道意识，在人权工作方面做出了重大贡献；她不断地对美国陆海军施压，促使在军队中废除种族歧视。二战期间，她把4个儿子全部送到海外作战。在国内，她致力于难民、种族歧视问题的解决；在外交上，她常常代夫出访。她在总统夫人这一广阔的政治舞台上取得了前所未有的成就。

罗斯福去世后，她结束第一夫人的生涯，并被继任总统杜鲁门任命为美国驻联合国代表团团长和联合国人权委员会主席。在联合国工作期间，她主持起草了历史性文件《世界人权宣言》，获得了全世界的好评。1962年11月7日，她因白血病逝世，享年78岁。

卡夫列拉·米斯特拉尔

1889 年 4 月 7 日，卡夫列拉出生在智利北部艾尔基山区的一个小村子里。她原名卢西拉·戈多伊·阿尔卡西加，3 岁时父亲离家出走，家庭的困顿使她没有上学的机会。

两个人对她产生了较大影响，一个是祖母，她总叫卡夫列拉给她念《圣经》，《圣经》在卡夫列拉的心里扎了根。一个是她同母异父的姐姐，一位小学老师，她是卡夫列拉的启蒙老师。卡夫列拉的文化知识和艺术修养都是通过自学得来的，她阅读过但丁、泰戈尔、托尔斯泰、普希金等人的作品，尤其喜欢法国诗人米斯特拉尔，后来她就用了这个名字。

14 岁时，卡夫列拉就开始在小学当助理教师，校长和村民都没有善待过她。1914 年，她参加了智利作家艺术家联合会在圣地亚哥举办的"花奖赛诗会"，获得了金奖。1922 年，

她在西班牙出版了第一本诗集《绝望》，名声大振。两年后，她赴欧洲旅行，出版了第二部诗集《柔情》。回国后，她受到了英雄般的欢迎，被智利政府任命为驻"国联"代表。1930年她迁居美国，在各地讲学。1937年，她出版第三部诗集《塔拉》。二战期间，她回到南美，先后为《南美丛刊》、《国家报》撰稿。1945年她获得诺贝尔文学奖，并参加了联合国成立大会，出任联合国妇女事务委员会委员。

1955年，她出版了最后一部诗集《葡萄压榨机》，次年她身患重病，于1957年1月10日在纽约病逝。尸体运回祖国，智利为她举行了国葬。

艾格尼丝·史沫特莱

1892年2月23日，史沫特莱出生于美国密苏里州奥斯古德的一个平民家庭。她早年当过侍女、推销员，后来投身于政治斗争。1918年，她因声援印度独立运动而被捕入狱6个月。1919年起她侨居柏林8年，积极投身于印度民族解放运动，曾在柏林会见尼赫鲁。

1928年底，她作为《法兰克福日报》的特派记者来到中国。她在中国呆了12年，亲身经历了中国人民抗日战争的伟大和悲壮。1936年"西安事变"后，她与周恩来进行了简短的交谈，开始每晚进行40分钟的英语广播，概述当天西安事态的发展。她的报道在上海引起了不小的轰动。这次报道使史沫特莱成了一个国际人物，并被永久地贴上了中国共产党的辩护人的标签。

1937 年，史沫特莱接到中国共产党的邀请访问延安。她对毛泽东、朱德、周恩来、彭德怀等人进行多次采访，创作了《中国的战歌》等作品向全世界宣扬中国的声音。抗战爆发后，她亲赴前线，成为八路军中第一个随军的外国记者，写了大量报道，被誉为"熟知中国事实真相的、为数不多的作家之一"。

1938 年，她在汉口以英国《曼彻斯特卫报》记者和中国红十字会工作人员的身份，一面报道中国抗战，一面向世界性组织呼吁救援。她为中国抗战募集了大量物资，动员并组织了白求恩、柯棣华等外国医生来华支援中国抗战。她与宋庆龄、鲁迅等人建立了亲密的友谊，成为中国人民的忠实朋友。

1940 年，史沫特莱回到美国，继续为支援中国抗战写作、演讲和募捐。她创作了朱德传记——《伟大的道路》，记录了中国革命所走过的道路。1950 年 5 月 6 日，史沫特莱在英国伦敦逝世。生前她曾说："由于我的心灵在这个世界上除了中国任何地方都未能找到安宁，我希望我的骨灰能和死去的中国革命者同在。"按照遗愿，她的骨灰被安葬在北京的八宝山革命公墓，大理石墓碑上刻有朱德题写的碑文："中国人民之友，美国革命作家史沫特莱女士之墓。"

多萝西亚·兰格

1895 年 5 月 25 日，兰格出生在美国新泽西州霍布肯的一个平民家庭。她 7 岁的时候不幸患上小儿麻痹症，从此变成瘸子。

兰格年轻时曾经在纽约跟随著名摄影家卡拉伦斯·胡德森·怀特学习摄影。1918 年她迁居到圣弗朗西斯科，在那里开了一家专营拍摄肖像的摄影工作室。1920 年，兰格同画家梅纳德·迪克森结婚。如果美国经济没有出现危机，或许她会终身在工作间里从事拍摄照片的工作。20 年代末期，美国经济进入大萧条时期。关心社会的兰格把她的镜头从工作室转移到了大街上。她把照相机对准那些失业者和流浪汉，引起了当地摄影家们的关注，她因此受雇于后来的美国农业安全局。对农村经济的关注使她和农业经济学家保罗·泰勒走到了一起。在泰

勒的影响下，兰格更加关注社会和政治，两人亲密合作，共同记录了当时农村的凋敝景象。从1935年到1939年，她走遍了美国南部和西部的22个州，大范围地研究了季节工、破产的农民和佃农的生活状况。她的摄影充满了同情心，但是她又不失时机地将尊严和希望赋予她的拍摄对象，她的作品引起了广泛的社会关注。由于对"美国社会状况的摄影研究"，兰格在1941年获得"古根海姆"基金会的奖励。

1952年，兰格参与创办了摄影刊物《孔径》。在生命的最后20年中，她饱受病魔的纠缠。1965年10月11日，她因食道癌逝世，享年70岁。

果尔达·梅厄

1898 年 5 月 3 日，果尔达出生在乌克兰基辅的一个犹太家庭。当时正是"反犹运动"的高潮，她的童年是在躲避歧视和屠杀、充满贫穷和饥饿的长期恐惧中度讨的。她从小就暗下决心"长大后要拯救犹太人，让子孙后代永远不再体验到任人宰割的滋味"。1906 年，她随全家移居美国密尔沃基。为了反抗父母拒绝她继续读师范学校的决定，她只身跑到居住在丹佛的姐姐家，第一次显示出了独立不羁的个性。在丹佛的生活是她一生的重要时期，她参与到姐姐家的一些知识分子的聚会中，讨论文学、女权、犹太复国主义等等问题。在这里她还结识了画家莫厄斯·梅耶森——后来成了她的丈夫。

此后，她积极参与犹太复国主义运动，成为密尔沃基犹太复国主义工党领导人。1921 年，她与丈夫移居巴勒斯坦进行

复国事业。自此，她为犹太民族建立自己的以色列国奋斗了一生，放弃了自己的一切包括幸福。在以色列建国过程中，她坚定地站在本·古里安一边；在古里安被捕后，她被任命为以色列政府的执行领导。1948年5月14日，她参加签署以色列独立宣言，并任驻莫斯科公使。1949年她选入议会，一直担任议员至1974年。

1969年她出任总理，成为以色列建国以来的第一位女总理。而此时刚建国不久的以色列在国际事务中处于孤立无援的状态，又被一心想消灭它的四周敌国包围着。她顶住了挑战，领导以色列国"绝不接受任何不会带来真正和平的安排"。为了通过外交手段和平解决中东问题，她曾多次访美寻求援助和支持，并接受了美国的"罗杰斯计划"。

她坚定不移地为国家生存和人民安全而战，赢得了人民的大力支持。但1973年以色列在第4次阿以战争中失败，暴露出以色列缺乏战争准备；1974年6月她宣布辞职，以色列的一个时代宣告结束。1978年12月8日，梅厄夫人逝世。

玛格丽特·米德

1901 年 12 月 16 日，玛格丽特生于美国费城。父亲是经济学教授，母亲是社会学博士、坚定的女权主义者。中学毕业以后，玛格丽特在纽约巴尔那德学院获得英语和哲学的双学士学位，以及哥伦比亚大学的心理学硕士学位。

1924 年是她整个一生的转折。她结识了近代人类学的一代宗师弗朗兹·波亚士，并迅速完成了心理学专业的硕士论文，成为波亚士麾下一员骁将。上个世纪 20 年代，在人类学的现场研究中还没有女性的足迹。玛格丽特不顾波亚士的劝告，执意孤身奔赴南太平洋的玻利尼西亚群岛，研究更为荒蛮而陌生的萨摩亚人的青春期问题。在 1925 年至 1926 年的 9 个月中，她经历了文明社会的女性无法想象的艰辛；1928 年，她的第一部力作《萨摩亚的成年人》诞生。

萨摩亚之行是玛格丽特整个人生的里程碑。此后 50 多年，她在南太平洋的萨摩亚群岛、新几内亚的塞皮克河边、马努斯岛和印度尼西亚的巴厘岛等边远地区，用毕生心血和精力进行试验和研究，其中的危险和孤单连男人都很难承受。她关于男女文化性差异与养育、文化与基质的关系等课题，给当时被弗洛伊德心理学所支配的人类学指出了新的方向。40 年代以后，玛格丽特的视野从原始文化转向了当代社会。从二次大战中同盟国的联盟到大战之后的社会变迁、家庭解体、种族矛盾以及学生运动、性解放和代沟问题，都引起了她的研究兴趣和热情。

她曾担任过美国人类学会主席、美国科学进步协会主席等职务。晚年，她是很多年轻的人类学家的良师益友。1978 年 12 月 15 日，她因胰腺癌逝世。她曾进行实地调查的南太平洋马努斯岛的村民们，为她举行了只有在大酋长去世时才会举行的为期 5 天的葬礼，以表深切哀悼。

阿尔瓦·米达尔

　　1902 年 1 月 31 日，阿尔瓦出生于瑞典乌普萨拉。她从小接受了良好的教育，后来成长为瑞典著名的女政治家。

　　20 世纪 30 年代，阿尔瓦在瑞典向福利国家发展的进程中发挥了重要的作用，引起公众的瞩目。1934 年，她与丈夫贡纳尔·米达尔一起出版了《人口问题的危机》一书，影响甚大。书中阐释了如何通过温和的社会改革而获得个人自由，尤其是妇女如何保持自身自由的同时又不妨碍承担养育子女的社会责任。该书成功地预言了此后瑞典所进行的一系列社会改革。在某种程度上，它促进了时代精神的形成，因为它提出了优生学思想和义务生育计划。

　　后来，阿尔瓦加入了瑞典社会民主党，成为该党的一名活跃分子。1940 年，她进入联合国机构参与国际事务，担任联

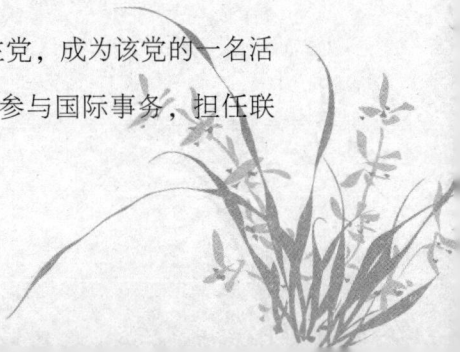

合国社会事务部负责人。从 1950 年起，她任教科文组织社会科学部主任。1962 年，她当选为瑞典国会议员和国防部部长，并在 1962-1973 年间出任参加日内瓦裁军会议的瑞典代表团团长，为国际裁军做出了艰辛的努力，也取得了很多成果。米达尔也非常关心当代的社会文化对青少年成长的影响，她认为我们生活的时代已经处在一个"被兽性化"的过程中；大众传媒是促进暴力的一个文化因素，而由于对信息缺乏过滤的能力，儿童与青年更容易接受残忍的行为方式。

1986 年 2 月 1 日，阿尔瓦逝世，终年 84 岁。

葛丽泰·嘉宝

1905 年 9 月 18 日，嘉宝出生在瑞典斯德哥尔摩。14 岁时父亲过世，她不得不辍学谋生。她做过理发店学徒、售货员和广告模特。她的一个广告被一个瑞典的喜剧导演看中，得以在影片《流浪汉彼得》中扮演角色，从此走上电影生涯。

1922~1924 年间，嘉宝在斯德哥尔摩皇家戏剧院学习，结识了著名导演斯蒂勒，他给她取了艺名"葛丽泰·嘉宝"，并邀请她担任《古斯塔·柏林传奇》的女主角。1925 年他们到美国发展，嘉宝试镜的杰出表现征服了米高梅。她给美国电影带来了异国情调，她在好莱坞的第一部影片《激流》，打破了票房记录。不久，她又与吉尔伯特合作了《妖妇》、《肉与魔》，她的表演才华得到淋漓尽致的发挥，观众和评论家赞不绝口。

后来，嘉宝拒绝了银幕上总是扮演邪恶的妖妇的形象，返

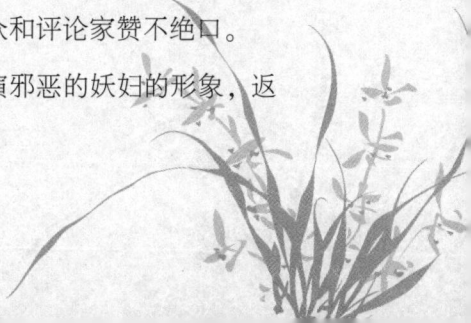

回瑞典。米高梅公司只好以加薪和不再让嘉宝扮演坏女人为条件请回了她。1930年，嘉宝拍摄了第一部有声电影《安娜·克里斯蒂》，她那低沉、嘶哑的声音风靡美国，被称为"嘉宝腔"。此后，她又拍摄了《安娜·卡列尼娜》、《大饭店》、《瑞典女王》、《茶花女》等优秀影片。在《茶花女》中，她用自己的全部心血将一个垂死的名妓塑造得血肉丰满，从而奠定了自己一代影后的地位；而《瑞典女皇》中她对人物形象出神入化的传达，使她达到电影生涯的高峰。

162

1941年的《双面女人》是她拍的最后一部电影。1949年她彻底告别影坛，过起隐居生活，将美丽永远地留在了人们心里。她在纽约买了公寓，独自生活近50年。1990年4月16日，她因肾病在纽约辞世。

汉娜·阿伦特

1906 年 10 月 14 日，汉娜出生在德国汉诺威的一个犹太人家庭。14 岁时她对哲学产生兴趣，阅读了康德，熟练掌握了希腊语和拉丁语。16 岁时她就组织了一个研读古希腊罗马文学的小组。

1924 年汉娜到马堡大学求学，师从著名哲学家海德格尔；但迫于两人师生恋的压力，第二年她迁移到海德堡，接受存在主义哲学家雅斯贝尔斯的指导。她的青年时期，正值德国的排犹思潮高涨，她的犹太人血统让她无法在德国立足；1933 年她流亡巴黎，开始了颠沛流离的逃亡生活。直到二战结束后，她才得以重返德国。1950 年她最终定居美国，作为访问学者曾在美国多所大学执教。1959 年她成为普林斯顿大学任命的第一位女性正教授。

　　弗洛伊德断言："年轻时的不幸和匮乏，成年后会加倍地找回和补偿。"阿伦特是弗洛伊德这一论断的生动例证。汉娜的政治理论是当代政治研究领域里的一颗瑰宝，但她一生对自己的祖国敬而远之，疏离和向往、陌生与熟悉是她对德国永远抹不去的情结。她不明白，何以在"国家"和"政治"的名义下，社会公共管理会变得如此残暴不已、灭绝人性？她用自己毕生的精力，去探究人类的境况，寻找极权主义的起源，去揭露政治中的谎言与虚伪。

　　1975 年 12 月 4 日，因心肌梗塞发作，汉娜病逝于纽约寓所，葬于纽约州哈得逊河畔安南代尔的巴德学院。

凯瑟琳·赫本

　　1907 年 5 月 12 日，凯瑟琳出生于美国康涅狄格州的哈特福德市。童年的凯瑟琳恬静好学，不善与人交流。考入布瑞迈沃学院之后，她的表演天赋显露出来，她开始立志做一名演员。

　　大学毕业后，她在百老汇得到一些小角色，以百老汇舞台剧《勇士丈夫》正式步入演艺界，并开始出演电影。1932~1934 年间，她主演了 5 部电影，其中《清晨的荣誉》荣获了奥斯卡金像奖，《小妇人》获得了当年最佳影片奖。1934 年，她重返百老汇出演了舞台剧《湖》，但随之而来的批判又让她不得不返回好莱坞。在好莱坞，她的影片一度成了票房失败的标志。她在舞台戏《费城故事》失败后，买下该剧的电影制作权，经改编的电影《费城故事》取得了票房上的成功，凯瑟琳

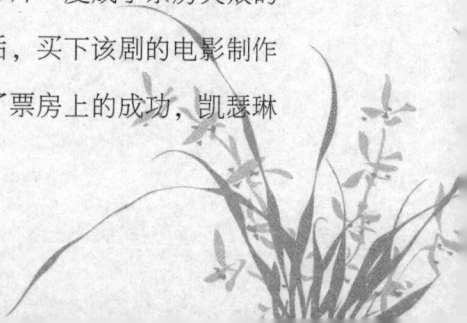

也因之获得奥斯卡奖提名。而后，她与男星斯宾塞·屈赛联袂出演《小姑独居》，也开始了他们长达 25 年的恋情。

　　自 1932 年从影至 80 年代，她纵横影坛达半个世纪之久，出演过 40 余部影片，12 次获奥斯卡奖提名，包括《非洲女王》、《夏季》、《唤雨巫师》和《最后的夏季》等。60 年代，她把大部分精力投入到了与屈赛的恋情之中。1967 年，她复出后的影片《猜猜谁来赴晚宴》使她第二次获得奥斯卡奖；次年《冬狮》使她第三次获得奥斯卡奖。到了 70 年代，她开始把主要精力投入到了电视电影方面，同时她出演了电影《金色池塘》，并第四次获得奥斯卡奖。

　　2003 年 6 月 29 日，凯瑟琳在自己家中去世，享年 96 岁。

雷切尔·卡森

1907 年 5 月 7 日，卡森出生于宾夕法尼亚州的泉溪镇。她从小热爱大自然，10 岁时开始写书，是个理想主义者。有一次因为哥哥打野兔而大闹一场，哥哥不许卡森干涉他的乐趣，卡森回答说："可是兔子没有乐趣!"

1929 年她在宾夕法尼亚女子学院毕业后，进入霍普金斯大学，1932 年获得动物学硕士学位，为了赡养母亲她放弃了读博士的机会。1936 年通过严格的考试，她战胜了当时对妇女在行政部门工作的歧视，作为水生物学者受聘于美国渔业局。1937 年她在《大西洋月刊》上发表第一篇作品《海底》，优美的文风标志着她从此走上了将科学与文学相结合的创作道路。1951 年，她结集出版《我们周围的海洋》，书一问世就引起巨大的轰动，连续 86 周荣登《纽约时代》杂志最畅销书籍榜，

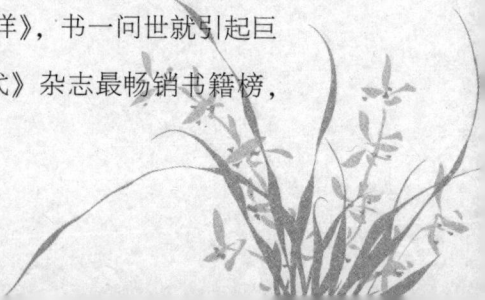

被《读者文摘》选中，获得自然图书奖，并使她获得两个荣誉博士学位。

1952 年卡森辞职，开始专心写作。她在马里兰州买了一座乡村宅院，正是这里的环境影响她创作了她最重要的作品——《寂静的春天》。二战后，杀虫剂获得了广泛使用，杀虫剂的危害却很少引起人们的关注。通过调查和实验，卡森提出一个强有力的观点：通过毒化自然，人类最终会毒化自己，并剥夺她所认为的人类应拥有健康环境的基本权利。《寂静的春天》正源于此，这本书引起了全国性轰动，50 多种报纸和 20 多种杂志纷纷转载，影响遍及欧洲及世界各地。它引发了公众对环境问题的注意，环境保护提到了各国政府面前，各种环境保护组织纷纷成立。

1963 年，卡森当选美国艺术与文学院院士。1964 年 4 月 16 日，卡森在马里兰州银泉镇去世，年仅 57 岁。1980 年美国政府追授给她对普通公民的最高荣誉——"总统自由奖章"。在她诞辰 100 周年的时候，她的家乡举行了隆重的纪念活动。

西蒙娜·德·波伏娃

1908 年 1 月 9 日，西蒙娜出生在巴黎的一个书香之家。家境富裕殷实、父母知书达理使她从小就有很强的独立性。15 岁时她决定当作家，并拒绝父母对她事业和婚姻的安排。

她在巴黎大学读书时，认识了哲学家萨特，尔后两人来往频繁，逐渐产生了感情。他们的恋爱的确是谈出来的，是思想上的共振以及感觉上的共鸣。虽然遭到父母的反对，西蒙娜却勇敢地跟萨特在一起。虽然两人终生没有履行结婚手续，但他们建立在互相尊重、有共同信仰基础上的爱情非常强烈，萨特去世后西蒙娜写了《永别的仪式》，是对两人共同度过的 51 个春秋的最后回忆，流露出强烈的爱情。

1931 年西蒙娜到马赛教书，萨特则到勒哈佛尔任教。一个名叫奥尔嘉的女子介入了他们的生活，这种复杂的情感纠葛留

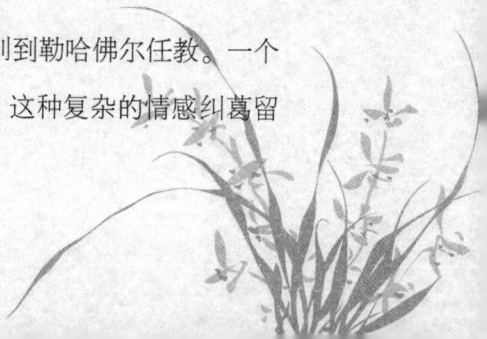

给西蒙娜足够的题材来完成她的处女作《不速之客》。西蒙娜的最重要的作品是 1949 年出版的《第二性》，这部学术性著作对女性的特征和历史做了深入的分析，为女权主义奠定了重要的理论基石。她的小说《达官贵人》获得法国最高文学奖"龚古尔文学奖"，它是法国战后左派知识分子圈子里最优秀的小说之一，在法国知识界引起巨大反响。

二战结束后，西蒙娜在美国、中国等地游历，出版了一系列游记散文；50 年代她曾访问中国，写有《长征》一书。同时，她还创作了大量的短篇小说，收入在《崩溃的女性》中。西蒙娜晚年还将萨特给她的情书刊行于世，书名《致河狸的书信》。1986 年 4 月 14 日，西蒙娜于巴黎去世，与萨特合葬在蒙帕纳斯公墓。

多萝西·克劳福特·霍奇金

1910 年 5 月 12 日，多萝西出生在埃及开罗。父亲是英国驻埃及的一位教育官员。父母由于工作关系在全世界走动，留在英国的多萝西和她的妹妹每年只有几个月能和父母在一起。独处帮助多萝西姐妹养成了独立的精神。

1932 年她在牛津大学化学系毕业后，进入剑桥大学，师从贝尔纳。贝尔纳团结了一批有朝气的科学家来研究特定的技术，多萝西开始显示出在晶体学研究的天才，她和贝尔纳记录了一个球型蛋白的第一个 X 射线衍射模型。1937 年她在剑桥大学博士毕业后，和非洲事务专家托马斯·霍奇金先生结婚，所以人们都称她为霍奇金夫人。

1942 年，她开始进行青霉素的结构分析，产生了第一流的 X 射线分析结果。她陆续发表了震惊世界的科学成果：青霉素

的三维结构、维生素 B12 结构和胰岛素的结构。1964 年她获得了诺贝尔化学奖，成为继居里夫人和她的女儿伊雷娜·居里之后荣获诺贝尔化学奖的第三位女性。

霍奇金夫人一生怀着建设美好世界的理想，致力于消除战争、促进国际和平。她一直积极增进国际间的学术交流，尤其值得一提的是她对中国科学界多年的雪中送炭，中国科学家对胰岛素的研究，从始至终都离不开她的关心和帮助。文革期间，当中国科学家与外国同行隔绝之时，中国独立分析出胰岛素结构的重大成果正是她向全世界宣告的，是她使中国科学家得到了国际上应有的承认与荣耀。

1993 年，83 岁高龄的她坚持前往北京参加首次在中国召开的国际晶体学大会。这是她生前最后一次中国之行。1994 年 6 月 29 日，她与世长辞。

特里莎修女

    1910 年 8 月 27 日，特里莎修女生于塞尔维亚的一个富裕家庭，取名叫"艾格尼斯·刚察·博加丘"。18 岁她远赴印度受训成为修女，自此她再也没见过家人。她依法国 19 世纪最著名的修女"圣女特里莎"的名字，改名为特里莎修女。从 12 岁直到 87 岁去世，她从来不为自己、而只为受苦受难的人活着。

    她刚开始在印度帮助那些垂死的人的时候，当地人很不理解，甚至要把她和那些快死的人一起赶走，因为怕他们污染了当地的空气。在她不断努力下，教皇庇护十二世终于给她以自由修女身份行善的许可，并拨给她一个社区和居住所让她去帮助有需要的穷人。到 60 年代，特里莎修女的收容所在加尔各答成为知名的地方，贫穷无助者都知道这个地方能够让他们安

歇。后来南斯拉夫爆发科索沃内战，为了让女人跟小孩能逃出来，特里莎走进战区，以自己的威望使双方停火，当她把女人跟小孩带走以后，两边又打起来了。

1969年，英国记者马科尔·蒙格瑞奇拍摄了一部以特里莎修女为主的纪录片《上帝的美》，让许多人相当感动，也让特里莎修女变成了世界名人。她把自己的一切都献给了穷人、病人、孤儿、孤独者、无家可归者和垂死临终者。晚年的她不断受到病魔的纠缠。

1997年9月5日，这位身材矮小、广受爱戴的修女，平静地离开了人间，印度为她举行了国葬。她的遗体被12个印度人抬起来，她的脚上没有穿鞋子，因为她一生都不穿鞋；身上盖着印度的国旗。在她的遗体被抬起来时，在场的印度人通通下跪，包括印度总理，没有人敢站得比她高。

罗莎·帕克斯

　　1913 年 2 月 4 日，罗莎出生在美国阿拉巴马州，父母都是非洲裔的美国黑人。父母离异后，她跟随母亲住在蒙哥马利的乡下。她上学时，学校班车都是给白人小孩用的，她意识到存在着两个完全不同的世界：一个是白人的，一个是黑人的。

　　1932 年罗莎同理发师雷蒙德·帕克斯结婚，雷蒙德是"全国有色人种促进会"的成员。婚后，罗莎也加入了"全国有色人种促进会"。10 年后，她成了一名活跃的民权活动者。1943 年至 1957 年间，她当选为"促进会"蒙哥马利市主席埃德加·尼克松的秘书。1955 年，她曾在田纳西州一个为争取工人权益和种族平等的学校学习。这一年的 12 月，她下班回家时，上了一辆公交车，坐在了中间可以供黑人用的座位上。蒙哥马利市规定，车前面的位置专门给白人预留，黑人只能坐后面的

位置。如果白人上来没有座位，黑人必须让座。当司机要求罗莎让座时，遭到了罗莎的拒绝，她因此被捕。消息传来，举城轰动。蒙哥马利市在黑人运动领袖马丁·路德·金的领导下，展开了一次声势浩大的黑人罢乘公交车运动，并波及全国。1956年11月13日，美国最高法院最终裁定蒙哥马利的种族隔离法违反宪法。之后，罗莎成了民权运动的英雄，但她也付出了代价，她和丈夫双双失业。1957年，他们被迫离开了蒙哥马利市，先后迁居弗吉尼亚和底特律市。1965年，黑人民主党议员约翰·科尼尔斯用她当秘书，直到1988年退休。

在底特律，罗莎成为受人尊敬的人物，那里的一条街道和一所中学以她的名字命名。她退休后，把大部分精力投入到"罗莎与雷蒙德自主发展学会"。晚年，她因罹患痴呆症且病情日益严重很少露面。2005年10月24日晚，她在睡梦中逝世。

班达拉奈克夫人

　　1916 年 4 月 17 日，班达拉奈克夫人出生在一个僧伽罗族的贵族家庭，原名西丽玛沃·拉特瓦泰·迪亚斯。她的祖父和父亲都是政府高官，受其影响，她从小就对政治和社会工作发生兴趣。1940 年，她与当时担任卫生和地方行政部的部长所罗门·班达拉奈克结婚。婚后不久就开始从事社会和政治活动，并逐渐显露出杰出的政治才干。

　　她的一生充满戏剧色彩。1956 年她的丈夫出任总理，她竭尽全力辅佐。3 年后，所罗门遇刺身亡。她悲痛之余决定继承丈夫的遗志。1960 年她出任自由党主席，并在同年大选中获胜出任总理。在国内，她致力于改变党派林立、种族冲突和政局混乱的现状，积极倡导佛教，鼓励发展僧伽罗语言和文化；在国际上，她主张中立和不结盟，多次出席不结盟国家首

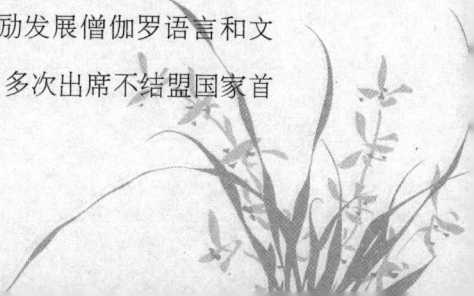

脑和政府会议，先后几次访问中国。30 年间，她三任总理，政治生涯几度沉浮。

1980 年她因被指控犯有滥用职权罪而被剥夺 7 年公民权。恢复公民权后，她参加了 1988 年的总统选举，不幸遭到炸弹的袭击受重伤，竞选失利。1989 年她领导自由党投入议会大选，再次败北。此时，她已深感自己年迈体弱，力不从心，便着手培养自己的小女钱德里卡·库马拉通加接班。1994 年，库马拉通加夫人在总统选举中获胜，根据内阁决定，她任命母亲为新总理。

2000 年 10 月 10 日上午，她参加完新一届议会选举投票之后，由儿子陪伴返回科伦坡，在途中心脏病突发辞世，享年 84 岁。

凯瑟琳·格雷厄姆

  1917 年 6 月 16 日，凯瑟琳出生在纽约一个富裕的犹太人家庭。她的父亲是名震华尔街的大银行家，当过美联储主席和世界银行首任行长。1933 年她买下了当时已濒临破产的《华盛顿邮报》。

  1938 年凯瑟琳大学毕业后不久，便回到自己的家族媒体产业中，但父亲更器重女婿菲利普，菲利普成了《华盛顿邮报》的当家人，凯瑟琳当起了贤妻良母。在菲利普的领导下，《华盛顿邮报》影响力不断上升，但由于巨大的竞争压力，他患上严重的精神抑郁症，于 1963 年开枪自杀。面对变故，凯瑟琳毅然决定出任《华盛顿邮报》总裁。在男权社会中，想做个女强人并非易事，她曾说自己是"身处悬崖边闭眼一跳。令人惊讶的是，我稳稳地落在了地上"。她一上任就果断提拨著

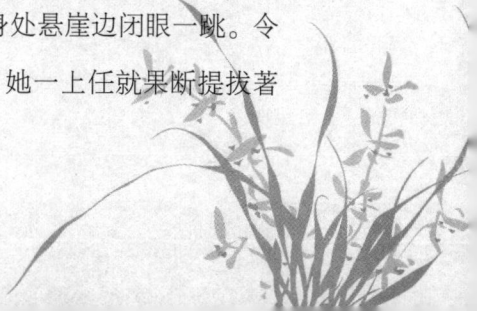

名记者本·布莱德利担任《邮报》的总编，并放权给各级主管、编辑、记者，让他们充分发挥自己的能量。

在上个世纪70年代，两次事件改变了《华盛顿邮报》，也把凯瑟琳推到了事业的顶峰。一件是1971年通过报纸向全世界公开了五角大楼有关越战的"绝密文件"，另一件是顶住强大的政治压力报道了尼克松的"水门事件"。后者使《华盛顿邮报》赢得了1973年的普利策金奖。她在总裁的位置上一干30年。1963年《邮报》总收入只有840万美元；到1993年，她将《邮报》交给儿子唐纳德时，《邮报》已发展成为包括报纸、杂志、电视台、有线电视和教育服务企业在内的庞大新闻集团，总收入达到了14亿美元。

2001年7月14日，凯瑟琳不慎摔倒头部受重伤，这个曾经扳倒美国总统的传奇女人不幸因此身亡。

英迪拉·甘地

1917 年 11 月 19 日，英迪拉出生在印度一个名门望族。祖父是印度国民大会党主席，父亲尼赫鲁是印度第一任总理。她自幼受祖父和父亲影响而参加反对英国殖民统治的独立运动，21 岁加入国大党。她在欧洲留学期间认识了费罗兹·甘地，1942 年结婚后改随夫姓，被称为甘地夫人。

印度独立后，英迪拉常陪同父亲参加外交活动，访问过美、中、苏、法等国，出席英联邦总理会议，参加万隆会议。1964 年尼赫鲁逝世，英迪拉在新总理夏斯特里力劝之下进入政府，被委任为资讯广播大臣。印度南方爆发了反印地语骚动，英迪拉处理得当，树立了良好形象。

1967 年她当选印度总理。执政期间，她基本执行尼赫鲁的内外政策。在经济上，她通过了"绿色革命"和"白色革命"，

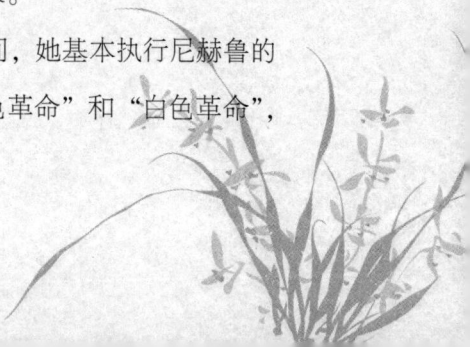

基本上解决了粮食和牛奶供应问题。在外交上，她推行偏向前苏联而又在大国之间保持平衡的政策，注重发展同第三世界国家的关系。

1971 年和 1980 年她又两度就任印度总理。1984 年为了挫败锡克族分裂运动，她下令印度军队进攻印度锡克教圣地——阿姆利则金庙。10 月 31 日，英迪拉在总理府被两个锡克教警卫开枪刺杀身亡，享年 67 岁。

埃娃·贝隆

　　1919 年 5 月 7 日，贝隆夫人出生于阿根廷一个普通家庭。她是个私生女，同母亲过着贫苦的生活。15 岁时，她来到首都布宜诺斯艾利斯，开始演艺生涯。她利用自己的青春和美貌结识权贵，当过主持、做过封面女郎，还演过英国女王伊丽莎白和法国皇后约瑟芬。

　　1943 年，她结识了胡安·贝隆。20 世纪上半期，阿根廷处在动荡中。野心勃勃的贝隆上校脱颖而出，他对穷人悲苦的同情和对富人奢侈的批判深深吸引了埃娃，而埃娃所代表的底层势力和她做演员所培养的良好口才和气质也是贝隆所需要的，他们结成了亲密的伴侣。后来贝隆进了监狱，埃娃呼吁民众支持贝隆，当局迫于民众压力释放了贝隆。贝隆被释放后的第一句话就是："感谢埃娃！感谢人民"！

　　1946 年阿根廷进行总统竞选，埃娃在每周播出的广播节目中号召穷人选举贝隆，成为支持贝隆团体"无衫者"的领袖。在埃娃的协助下，贝隆当选为阿根廷总统，她出任劳工部部长，并成立了"埃娃·贝隆基金会"。二战后，贝隆夫人周游欧洲，与许多国家首脑会晤，促进了欧洲国家对战后阿根廷的了解。

　　1951 年，她试图竞选副总统，但阿根廷军事首脑的不满让她放弃了提名。1952 年贝隆夫人因子宫癌去世，时年 33 岁。

海伦·托马斯

1920 年 8 月 4 日，海伦出生在美国肯塔基州的一个黎巴嫩移民家庭。她的父母共生养了 10 个孩子，她是家中的老八。虽然托马斯夫妇没有多少文化，但他们却买回一大堆书让孩子们看，教育是他们家"梦寐以求的神圣追求"。尽管在大萧条时期，她的父母从来没有中断过供养 10 个子女上大学，对父母的鼓励和执著海伦一直怀有万分感激。

1942 年，海伦大学毕业后在《华盛顿每日新闻》打杂。后来她通过努力总算当上一名记者，但还没来得及庆祝，就赶上裁员被解雇了。1943 年她加入美联社，肯尼迪当选总统后，她成为白宫记者团的第一个女记者。她在白宫的记者团生涯长达 40 年，从首席记者到记者团团长，从肯尼迪到小布什，曾向 9 任总统发问。美国人总能从总统记者招待会的现场直播

中，看到她从前排站起来，盯着总统的眼睛发问。她的口头禅"谢谢，总统先生"几乎成了她的标志。

2000 年她加入赫斯特报系，成为一名专栏作家，以大胆犀利著称，曾直言不讳地批评过小布什总统。

贝蒂·弗里丹

1921 年 2 月 4 日，弗里丹出生在伊利诺伊州皮奥里亚。母亲是报纸主编，才华横溢，精于当时社会允许女性所为的一切才艺，但她在家里受治于丈夫——弗里丹称母亲的挫折感是一种"无力的愤怒"。她日后投身于妇女运动，与母亲虚掷才华的遭遇息息相关。

1938 年她入读斯密斯女子学院，担任学校报纸的主编；她关心社会，发表许多反战言论。后来她到伯克利加州大学深造，开始从事新闻工作。1957 年在一次大学校友聚会上，她就受过高等教育的女同学发了一份有关职业状况的调查问卷，答案与她自己所感一致：她们生命中有着无名的缺失。1963 年，弗里丹出版了里程碑式的女权运动著作《女性迷思》，一时洛阳纸贵，掀起了女权主义运动的第二次浪潮。书中所写到的

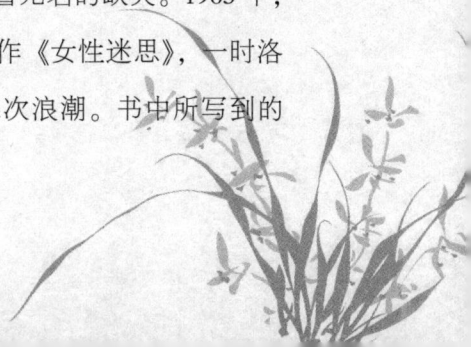

"无名的难题"，和西蒙娜·德·波伏娃提出的"第二性"一样，成为女权主义运动的标志性名词。

除了写作，弗里丹积极参与社会活动。1966年，她领导成立了"全国妇女组织"上街抗议，大幅标语赫然手书"妇女们，联合起来!"同时要求国会立法，结束一切歧视女性的做法，争取男女平等就业、同工同酬、自由堕胎和女性参政权。

2006年2月4日，弗里丹因为充血性心力衰竭在华盛顿家中逝世，这一天正是她85岁生日。两天后，她在纽约下葬。

卓　娅

　　1923 年 9 月 13 日，卓娅出生在前苏联一个农民家庭。中学期间，卓娅深受《丹娘·索罗玛哈传略》一书的鼓舞，16 岁就加入了共青团。

　　1941 年德国法西斯入侵前苏联后，卓娅怀着对祖国和人民的热爱，立即加入游击队投入战斗，和同志们一起深入敌占区埋地雷、烧敌营，表现机智勇敢。在一次任务中，克卢布科夫被捕叛变，出卖了卓娅，德军搜索了整个村子，还未来得及撤离的卓娅便落入了敌人手中。德寇为了获得游击队活动的线索，对卓娅进行了种种酷刑和侮辱：长时间严刑拷打她，并逼迫她身着单衣，赤裸双脚在雪地上跑动……坚强的卓娅承受住了所有非人的折磨，拒绝回答德寇的问题，没有泄露游击队的任何秘密。敌人恼羞成怒，决定绞死卓娅。

1941 年 11 月 29 日，卓娅被带上刑场。在刑场，卓娅向同胞们大声喊道："同志们！你们为什么愁苦地看着哇？你们壮起胆子来，奋斗吧，打倒法西斯，放火烧他们，用毒药毒他们吧！"在绞刑架上视死如归的卓娅蔑视地对敌人说："你们现在绞死我，可是我不是一个人，我们是两万万人，两万万人是绞不尽的。"1942 年 2 月 16 日，卓娅被追授"苏联英雄"的称号。

撒切尔夫人

1925 年 10 月 13 日，撒切尔夫人生于英格兰林肯郡格兰瑟姆市一个商人家庭，取名为玛格丽特·希尔达。父母白手起家，却乐善好施。父亲曾告诫她："一个人无论做什么事都应该有自己的主见，不能因为别人持有不同的意见或得不到别人的支持，就轻易改变自己的信念。"在父母的影响下，她从小就养成了勤俭节约、独立思考的习惯和乐观自信、积极上进的个性。

1943 年，她进入牛津大学萨默维尔女子学院攻读化学。初入牛津，满口乡音和过于自信的她，曾一度受到同学们的嘲笑。但这些没有熄灭她对人生的执著追求。大学 4 年，她是一个十分刻苦用功的学生。虽然在专业方面没有什么造诣，但在政治上却有了重大收获。大学毕业时，她从一个默默无闻的小

城女孩，成为了保守党新秀。牛津大学的 4 年为她将来冲击权力的巅峰奠定了雄厚的基础。1949 年，她结识了实业家丹尼斯·撒切尔，两人结婚后丹尼斯成为她生活中的亲密伴侣和事业上的主心骨。

1979 年，她领导的保守党在大选中获胜，她成为英国第一位女首相。在连任 3 届 11 年的首相生涯中，她对国家大事的处理有铁一般的意志和手腕，又有面临灾难临危不惧的魄力，世人称她"铁娘子"。1982 年她命令英国海军远征，收回了被阿根廷占领的福克兰群岛，使她在国内外名声大振。1984 年英国保守党年会期间遭到爆炸事件，撒切尔夫人仍冒着生命危险按预定时间做了演讲。1990 年末保守党内部政策的分裂，导致她辞职。下台后，她常年深居简出。

玛丽莲·梦露

　　1926 年 6 月 1 日，梦露出生于加利福尼亚州洛杉矶市，本名诺玛·莫泰逊。她出生之前，父亲离家出走；9 岁时，母亲进了精神病院。16 岁时，她与比自己大 4 岁的詹姆斯·多尔蒂结了婚，这场没有爱情的婚姻只维持了 4 年。

　　离婚后，她凭着较好的外形，当起泳装模特儿，她美丽的倩影四处流传。1946 年，她被"20 世纪福克斯公司"大老板看中，从此有了艺名——玛丽莲·梦露。刚开始，电影公司总让她出演"白痴美人"一类角色。为求发展，她去剧院听戏剧课、排古典剧。1953 年是她的一个转折点，她在电影《尼亚加拉》里第一次担任主角，该片上映后场场爆满，她一跃成为第一流的明星，成了好莱坞最了不起的神话。

　　梦露开始追求更进一步的演艺事业，摆脱"浅薄金发美

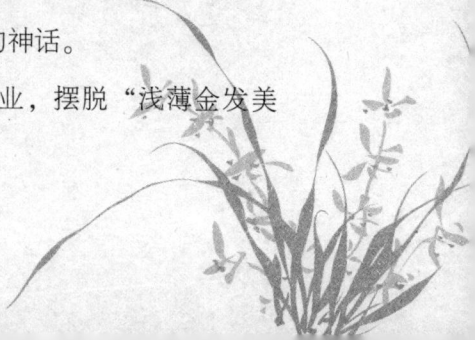

女"的形象。1956 年她与摄影师密尔顿开办"玛丽·莲梦露电影公司",制作出《公共汽车站》、《王子与舞女》两部展现她高水准演出能力的电影。1960 年她与克拉克·盖博合演了《不合时宜的人》,谁也不曾料到这是他们俩合作的最后一部影片,停机没几天,盖博因心脏病猝发不治身亡;同年梦露与第三任丈夫阿瑟米勒正式分开,这次离异对她造成的感情创伤始终未能平复。一年后她接拍了新片《濒于崩溃》,在 36 岁生日那天为该片拍下生平最后一组极有魅力的照片,片未完佳人香殒已逝。

194

1962 年 8 月 5 日清晨,玛丽莲的女管家发现她一丝不挂地躺在床上,一代女星离开了人世。她的死,成了一个谜。

伊丽莎白二世

伊丽莎白二世，原名为伊丽莎白·亚历山德拉·玛丽，是英国温莎王朝第四代君主、英王乔治六世的长女。她自幼在皇宫内接受教育，主修宪法史和法律。她在历史、语言和音乐方面有很深造诣，能流利地讲法语、西班牙语和德语。

1936 年，她的伯父爱德华八世"爱美人不爱江山"，坚持同离婚两次的辛普森夫人结婚而被迫逊位。她的父亲约克公爵继承了王位，称为乔治六世，伊丽莎白成为王储。1952 年乔治六世逝世，伊丽莎白继承王位，并于次年在威斯敏斯特教堂举行加冕仪式，被称为"伊丽莎白二世"。

1947 年女王与希腊和丹麦亲王菲利普订婚，并于同年完婚。两人的恋爱之路整整 8 年，13 岁那年伊丽莎白第一次见到菲利普就一见钟情，而菲利普为了能与心上人结婚则放弃了

希腊王位的继承权。2007 年，女王夫妇成为英国史上首对庆祝 60 周年钻石婚的君主，并回到初婚居住地马耳他重温甜蜜往事。

伊丽莎白女王很勤政，自登基那天起她每天平均花 3 个小时在国事上，阅读各个部门和首相府送来的文件，几乎每一位与她工作过的首相都给予她极高的评价。她对加冕誓言的责任看得很重，她从来没有原谅伯父爱德华八世选择退位，因为在她看来他抛弃了自己的职责。她利用自己的权威阻止了她的妹妹玛格利特嫁给一个离过婚的男人。而多年来她也拒绝承认她的儿子查尔斯王储与情人卡米拉的关系，但最近她曾多次公开暗示已经能够接纳卡米拉。

秀兰·邓波儿

1928 年 4 月 23 日，邓波儿出生于加利福尼亚州的圣莫尼卡。她 3 岁时就被母亲送进著名的梅格林幼儿舞蹈学校，4 岁时开始踏足银幕，成为 26 集系列片《小听差》的女主角。

6 岁时，她主演了歌舞片《起立欢呼》，大获成功，让大家认识了这个有着金色卷发和甜甜酒窝、总是有着无穷精力的小姑娘。福克斯公司与她签下长达 7 年的演出合同。一年内，她连续主演了《新群芳大会》、《小安琪》、《小情人》等 8 部影片，部部叫座，开始风靡世界影坛。

7 岁时，她凭借在《亮眼睛》中的出色表现，跻身十大明星之列，还获得当年奥斯卡特别金像奖。在好莱坞的星光大道上，她留下了自己的手足印记和一句话"我爱你们大家！"罗斯福总统曾邀请她去白宫做客。

　　10 岁时，她已经称霸好莱坞票房，成为最具号召力的电影明星。"秀兰娃娃"玩具是每个女孩童年生活的组成部分。12 岁时她拍摄了《小孤女》，但观众无法接受小宝贝长大的现实，人气消退，她自己也对演艺生涯感到厌倦。

　　邓波儿退出影坛后有过两次婚姻，最终与查尔斯结为伴侣。60 年代，她成为活跃的政治家。她做过共和党的发言人和外交大使等职。1977 年，她来中国访问，迟到了 40 年的"邓波儿旋风"席卷了中国。晚年，邓波儿过着惬意的退休生活，喜欢养宠物、摆弄园艺、收集关于早年演艺生涯的资料。

奥黛丽·赫本

1929 年 5 月 4 日，赫本生于比利时布鲁塞尔。父亲是英国银行家，母亲是荷兰贵族。赫本 6 岁开始就读于伦敦贵族寄宿学校。后来，她随离异的母亲回荷兰，进入安恒音乐学院学习芭蕾舞。

二战期间，有犹太血统的母亲受到纳粹的迫害，生活极度贫困。长期的营养不良使赫本身体瘦削，但她一直没有放弃芭蕾舞。战后她来到伦敦芭蕾舞学校学习，曾因没钱交学费一度在影片中跑龙套。在一次出外景时，她意外被选为音乐剧《琪琪》的女主角，开启她到美国发展的机缘。1953 年她与格里高利·派克一起主演的《罗马假日》正式上映，她优雅高贵的气息、优美脱俗的外貌、轻盈苗条的体态，一下子吸引了观众的目光，在世界各地掀起风潮。在金发性感女郎风行的年代，

黑色短发"赫本头"成了国际流行发式。她也因此获奥斯卡最佳女主角奖。

赫本一生共拍 26 部影片，平均每年只拍一部电影，她拍片精挑细选，宁缺毋滥，所以她的每一次表演都让人永久难忘。她主演过《战争与和平》、《甜姐儿》、《巴黎之恋》等，声势扶摇直上。1961 年《第凡内早餐》使她的演艺生涯再创高峰。此后她进入转型期，开始挑战更有演技难度的作品。1964 年她主演的音乐剧《窈窕淑女》获 8 项奥斯卡奖。1989 年她在《直到永远》中饰演一个天使，而后告别了影坛，把完美永远地留在了人们心中。

晚年她出任联合国儿童基金会的亲善大使，致力于慈善事业，多次不顾重病缠身远赴非洲为饱受战火蹂躏的儿童贡献力量。为表彰她为全世界不幸儿童所做出的努力，美国电影艺术和科学学院将 1988 年度"奥斯卡人道奖"授予了她。1993 年 1 月 20 日，赫本因结肠癌在瑞士托洛谢纳逝世。